Scoprire i Giochi Gratuiti Online

Disponibile Qui:

BestActivityBooks.com/FREEGAMES

5 CONSIGLI PER INIZIARE

1) COME RISOLVERE LE PAROLE INTRECCIATTE

I puzzle hanno un formato classico:

- Le parole sono nascoste senza spazi o trattini,...
- Orientamento: Le parole possono essere scritte in avanti, indietro, verso l'alto, verso il basso o in diagonale (possono essere invertite).
- Le parole possono sovrapporsi o intersecarsi.

2) APPRENDIMENTO ATTIVO

Accanto ad ogni parola c'è uno spazio per scrivere la traduzione. Per incoraggiare l'apprendimento attivo, un **DIZIONARIO** alla fine di questa edizione vi permetterà di controllare e ampliare le vostre conoscenze. Cerca e scrivi le traduzioni, trovale nel puzzle e aggiungile al tuo vocabolario!

3) SEGNARE LE PAROLE

Puoi inventare il tuo sistema di segni. Forse ne usi già uno? Per esempio, puoi segnare le parole difficili da trovare con una croce, le parole preferite con una stella, le parole nuove con un triangolo, le parole rare con un diamante, e così via.

4) STRUTTURARE L'APPRENDIMENTO

Questa edizione offre un **TACCUINO** alla fine del libro. In vacanza, in viaggio o a casa, puoi organizzare facilmente le tue nuove conoscenze senza bisogno di un secondo quaderno!

5) AVETE FINITO TUTTE LE GRIGLIE?

Nelle ultime pagine di questo libro, nella sezione della **SFIDA FINALE**, troverete un gioco gratuito!

Facile e veloce! Dai un'occhiata alla nostra collezione di libri di attività per il tuo prossimo momento di divertimento e **apprendimento,** a portata di clic!

Trova la tua prossima sfida su:

BestActivityBooks.com/MioProssimoLibro

Ai vostri posti, pronti...Via!

Sapevi che ci sono circa 7.000 lingue diverse nel mondo? Le parole sono preziose.

Amiamo le lingue e abbiamo lavorato duramente per creare libri di altissima qualità. I nostri ingredienti?

Una selezione di argomenti adatti all'apprendimento, tre buone porzioni di intrattenimento, una cucchiaiata di parole difficili e una spolverata di parole rare. Li serviamo con amore e entusiasmo in modo che tu possa risolvere i migliori giochi di parole e divertirti imparando!

La vostra opinione è essenziale. Puoi partecipare attivamente al successo di questo libro lasciandoci un commento. Ci piacerebbe sapere cosa ti è piaciuto di più di questa edizione.

Ecco un link veloce alla pagina dell'ordine:

BestBooksActivity.com/Recensione50

Grazie per il vostro aiuto e buon divertimento!

Tutta la squadra

1 - Scacchi

```
C  L  L  D  U  A  A  S  U  Ð  V  Ð  B  R  S  M
Z  O  R  S  K  K  U  Ð  T  R  A  V  S  H  N  E
U  S  P  E  A  P  W  P  L  E  W  G  X  V  J  I
Y  Z  Y  H  C  R  D  Þ  Þ  Æ  F  P  R  Í  A  S
H  V  Z  Q  Z  I  M  Í  T  Z  R  N  D  T  L  T
D  R  O  T  T  N  I  G  F  U  A  U  U  L  A
L  E  I  K  M  A  Ð  U  R  H  K  L  M  R  Z  R
H  N  N  G  U  R  N  N  J  B  I  P  Ó  U  P  I
P  T  P  P  B  O  L  G  W  F  E  B  T  Ó  M  H
D  G  P  J  D  K  P  D  E  P  L  S  M  I  L  V
C  N  E  X  I  S  R  E  G  L  U  R  Æ  B  P  A
S  L  K  W  Z  Á  K  S  S  P  A  B  L  T  T  S
Q  T  S  U  A  L  A  Ð  R  E  G  Ð  A  P  B  Þ
Y  Z  I  Y  E  N  D  P  Q  I  T  G  N  R  Ó  F
N  R  U  G  N  U  N  O  K  F  E  L  D  W  D  B
J  E  Ð  D  S  R  L  N  W  J  K  J  I  Y  E  Þ
```

MÓTMÆLANDI
HVÍTUR
MEISTARI
KEPPNI
SKÁ
LEIKMAÐUR
LEIKUR
SNJALL
SVART
AÐGERÐALAUS

AÐ LÆRA
STIG
KONUNGUR
DROTTNING
REGLUR
FÓRN
ÁSKORANIR
STEFNU
TÍMI
MÓT

2 - Salute e Benessere #2

```
C  H  E  I  L  B  R  I  G  Ð  U  R  A  G  Z  L
S  J  Ú  K  R  A  H  Ú  S  D  N  U  T  I  M  S
M  A  T  A  R  L  Y  S  T  S  U  U  Z  Þ  Y  E
O  K  A  L  O  R  Í  A  T  S  D  G  N  Y  Þ  K
S  J  Ú  K  D  Ó  M  U  R  J  D  J  B  T  N  O
Z  M  H  U  Z  C  J  H  J  F  S  Q  F  L  Æ  E
T  D  E  N  E  R  I  Ð  Æ  R  F  A  Ð  F  R  E
O  Ð  R  L  Y  S  A  I  A  Z  U  W  K  R  I  V
J  R  J  K  T  O  F  Þ  O  R  N  U  N  C  N  Í
Q  W  K  Z  U  I  T  Æ  L  N  I  E  R  H  G  T
T  I  H  A  E  M  N  Ð  P  F  A  X  A  F  R  A
Q  F  W  P  M  Æ  Q  G  A  W  G  Ð  B  B  A  M
L  H  F  D  M  N  D  Ð  L  N  P  Q  T  L  P  Í
Ð  J  U  H  V  F  K  L  Í  K  A  M  I  E  Ó  N
Ð  I  N  Y  A  O  M  A  T  A  R  Æ  Ð  I  H  Ð
L  Í  F  F  Æ  R  A  F  R  Æ  Ð  I  L  Z  U  I
```

OFNÆMI	HREINLÆTI
LÍFFÆRAFRÆÐI	SMITUN
MATARLYST	SJÚKDÓMUR
KALORÍA	NUDD
LÍKAMI	NÆRING
MATARÆÐI	SJÚKRAHÚS
MELTING	ÞYNGD
OFÞORNUN	BLÓÐ
ORKA	HEILBRIGÐUR
ERFÐAFRÆÐI	VÍTAMÍN

3 - Aggettivi #2

```
N C A N Á T T Ú R U L E G T R S
T Y R F S V A N G U R R S W U Q
I G S Ð K D L C I V X Y B L F Þ
X R I T Ð A O H Z P B A R Q X I
E U V W E Q S P Q W T U T M E
E Ð J I K R C T R E V A G U H Á
K G L K E R K G A R G O Æ S Þ B
T I I I O U F U L M U J R A U D
A R Ð D L G E Y R S I X F R R R
R B T N I E R H R N P K R U R A
G L D A L L G D Þ I Þ A I T R M
G I H S Þ I X T A J G T C L C A
J E N Ý E S Á B Y R G U R O L T
Z H C L K Æ Z U Y A O N Ý T T Í
V T C Z V L S A L T U R M S W S
S Æ T U R G S K A P A N D I A K
```

SVANGUR
ÞURR
EKTA
SKAPANDI
LÝSANDI
SÆTUR
DRAMATÍSK
GLÆSILEGUR
FRÆGUR
STERKUR

ÁHUGAVERT
NÁTTÚRULEGT
EÐLILEGT
NÝTT
STOLTUR
AFKASTAMIKILL
HREINT
ÁBYRGUR
SALTUR
HEILBRIGÐUR

4 - Ingegneria

```
H  N  I  S  Ð  S  B  M  J  Ð  K  I  D  R  Z  S
H  Z  G  T  B  M  Y  V  X  H  F  P  X  U  G  N
S  Z  R  Ö  H  Í  H  T  É  Q  K  T  I  U  C  Ú
U  Á  H  Ð  C  Ð  X  Z  N  L  P  K  D  H  H  N
W  S  I  U  D  I  F  L  J  Ó  T  A  N  D  I  I
F  M  K  G  R  Z  S  Á  L  P  A  K  R  H  P  N
A  M  K  L  E  B  T  M  X  P  C  R  O  L  Z  G
B  E  M  E  I  Y  Y  R  P  N  N  O  H  Z  Y  U
F  G  K  I  F  G  R  E  S  D  Ý  P  T  R  R  R
D  K  Y  K  I  G  K  V  G  Í  R  N  E  B  O  B
K  Í  N  I  N  I  U  Þ  P  M  E  D  W  K  L  P
K  S  S  Ý  G  N  R  I  G  N  A  T  S  X  Y  D
U  I  G  E  J  G  E  L  J  N  H  X  N  N  W  Y
T  O  Z  S  L  A  Ú  T  R  E  I  K  N  I  N  G
Q  I  S  K  Ý  R  I  N  G  A  R  M  Y  N  D  Þ
M  Æ  L  I  N  G  X  R  Z  I  Ð  J  I  D  C  L
```

HORN	GÍR
ÁS	STANGIR
ÚTREIKNING	FLJÓTANDI
SMÍÐI	VÉL
SKÝRINGARMYND	MÆLING
ÞVERMÁL	DÝPT
DÍSEL	KNÝJA
DREIFING	SNÚNINGUR
ORKA	STÖÐUGLEIKI
STYRKUR	BYGGING

5 - Archeologia

```
R  A  P  W  D  I  A  U  C  U  W  E  R  Ó  V
H  L  U  T  I  H  X  A  A  X  Y  K  B  R  Þ  L
E  W  P  B  G  R  O  D  Á  N  X  D  E  E  E  T
Þ  B  Q  K  D  L  Ö  N  R  O  F  W  I  I  K  Ð
S  É  R  F  R  Æ  Ð  I  N  G  U  R  N  N  K  P
M  P  Y  I  S  N  T  E  M  P  L  E  R  I  T  W
R  R  T  D  N  I  Ð  T  Í  M  U  M  O  N  E  Z
P  Ó  Ð  N  P  K  Ð  A  Z  P  G  W  F  G  B  Ð
P  F  L  A  J  L  Ó  M  G  R  Ö  F  O  D  S  K
Q  E  C  M  Ð  F  I  S  E  W  N  M  G  Q  Þ  Q
N  S  V  O  Y  Y  Ð  Ð  N  N  Þ  X  Þ  C  M  K
S  S  L  K  N  O  K  X  Ð  N  N  Þ  S  Y  I  N
P  O  X  F  N  A  Z  P  V  L  A  I  C  K  N  R
W  R  F  A  T  Á  G  Ð  Á  R  O  R  N  Þ  N  P
G  L  E  Y  M  T  R  J  L  W  P  U  Z  G  I  D
M  R  C  O  E  K  O  H  K  Þ  S  T  H  Ð  A  I
```

GREINING	HLUTI
ÁR	BEIN
FORNÖLD	PRÓFESSOR
FORN	MINNI
SIÐMENNING	RANNSÓKNIR
GLEYMT	ÓÞEKKT
AFKOMANDI	LIÐ
TÍMUM	TEMPLE
SÉRFRÆÐINGUR	GRÖF
RÁÐGÁTA	MAT

6 - Salute e Benessere #1

```
M  J  L  Æ  K  N  I  R  B  E  I  N  V  B  H  L
V  E  Ð  Y  S  K  X  E  E  Ð  L  A  I  W  U  C
F  Ö  I  T  X  I  Q  R  L  R  X  K  R  I  N  L
Z  H  Ð  Ð  K  F  R  F  U  R  V  H  K  C  G  T
G  K  R  V  S  Y  M  V  T  Þ  Ð  W  U  S  U  J
Ð  L  E  P  A  L  N  V  E  N  J  A  R  H  R  H
C  R  F  P  R  Þ  U  P  F  N  G  Z  K  D  Æ  T
J  Y  Ð  Q  I  T  K  M  W  S  O  T  V  A  Q  Ð
L  R  E  E  E  Ö  Y  N  H  H  O  R  M  Ó  N
G  Ð  M  Þ  V  Q  L  H  F  Ú  B  R  A  L  M  A
A  P  Ó  T  E  K  S  P  T  Ð  V  B  G  V  N  J
Y  Z  S  F  I  Ð  A  B  P  P  K  N  U  Z  G  U
M  M  R  Z  Z  P  H  G  O  Y  O  I  A  M  O  F
B  Y  Z  A  B  A  L  R  U  Í  R  E  T  K  A  B
E  X  V  I  Ð  B  R  A  G  Ð  Q  B  K  A  Z  W
F  Æ  Ð  U  B  Ó  T  A  R  E  F  N  I  T  Þ  G
```

VENJA	VÖÐVA
HÆÐ	TAUGAR
VIRKUR	HORMÓN
BAKTERÍUR	BEIN
HUNGUR	HÚÐ
APÓTEK	VIÐBRAGÐ
BEINBROT	SLÖKUN
MEIÐSLUM	FÆÐUBÓTAREFNI
LYF	MEÐFERÐ
LÆKNIR	VEIRA

7 - Aggettivi #1

```
T  U  F  T  G  Æ  V  L  I  K  I  M  I  K  Z  Y
U  Þ  R  I  R  U  T  Á  L  R  Ö  P  E  N  X  M
G  Þ  A  D  Í  W  K  S  Z  Ó  Z  Z  Z  A  D  E
M  A  M  A  Ð  I  I  D  R  T  W  A  Þ  I  H  T
Z  F  A  P  A  Z  Z  I  W  S  J  C  Ð  T  Æ  N
F  D  N  Q  R  L  H  F  D  U  N  G  U  R  G  A
V  Q  D  U  S  L  E  H  Ý  N  T  F  Þ  F  T  Ð
U  I  I  A  T  A  I  F  R  N  A  V  J  Ð  G  A
J  L  R  O  Ó  P  Ð  D  M  Æ  M  M  A  D  N  R
L  V  V  K  R  Þ  A  R  Æ  R  Í  I  L  J  A  L
S  Ö  M  U  U  Þ  R  A  T  T  T  X  H  I  L  E
Þ  U  N  G  T  R  L  L  U  S  Ú  L  M  L  S  G
Þ  U  N  N  U  R  E  G  R  I  N  H  C  L  M  T
J  Z  R  F  F  A  G  E  J  L  F  Z  Z  K  U  T
I  M  S  K  S  M  U  R  S  G  P  H  C  D  Q  K
F  P  B  O  U  A  R  A  J  A  E  X  E  P  L  D
```

METNAÐARLEGT	SÖMU
ILMANDI	MIKILVÆGT
LISTRÆNN	HÆGT
ALGER	LANGT
VIRKUR	NÚTÍMA
GRÍÐARSTÓR	HEIÐARLEGUR
FRAMANDI	ÞUNGT
ÖRLÁTUR	DÝRMÆTUR
UNGUR	ÞUNNUR
STÓR	

8 - Geologia

```
Ð  L  I  V  L  P  U  P  Q  K  Z  U  J  Z  R  H
N  N  N  J  F  R  A  L  L  A  T  S  I  R  K  E
G  O  Z  M  A  E  H  T  X  L  L  A  R  Ó  K  L
S  S  Ý  R  A  R  E  V  H  S  O  G  A  L  K  L
B  J  W  S  H  V  Ð  R  R  Í  K  V  S  S  O  I
T  T  K  L  I  J  W  S  N  U  A  R  H  V  Þ  U
E  L  D  F  J  A  L  L  K  M  N  W  Þ  Æ  Q  Á
E  A  C  N  K  U  X  F  J  J  S  Q  F  Ð  I  L
V  K  X  Z  Z  V  R  I  K  R  Á  T  Þ  I  N  F
U  O  Ð  X  M  W  A  S  Q  O  Þ  L  S  Y  F  U
H  Á  L  E  N  D  I  R  T  F  A  J  F  Y  E  N
R  Þ  J  Q  S  T  O  G  S  E  P  Ð  D  T  N  N
S  T  A  L  A  C  T  I  T  E  I  S  Q  L  I  I
S  T  A  L  A  G  M  I  T  E  S  N  H  A  E  W
Þ  G  K  O  L  N  P  L  U  A  Ð  C  N  S  T  B
S  V  A  M  O  G  Þ  Ð  B  N  G  W  H  N  S  Q
```

SÝRA	STEINEFNI
HÁLENDI	STEINN
KALSÍUM	KVARS
HELLI	SALT
ÁLFUNNI	STALAGMITES
KÓRALL	STALACTITE
KRISTALLAR	LAG
ROF	JARÐSKJÁLFTI
GOSHVER	ELDFJALL
HRAUN	SVÆÐI

9 - Campeggio

```
K  S  H  Ð  K  A  T  U  U  N  M  S  X  Z  S  F
X  Ó  E  Ð  E  T  V  R  Ð  I  M  P  B  N  T  V
P  J  N  N  D  E  U  Ý  É  E  G  J  H  I  Ö  O
G  Z  G  A  Á  W  P  D  L  L  L  A  J  F  Ð  S
Z  R  I  Ð  K  T  F  E  W  D  G  T  G  B  U  K
J  P  R  I  K  W  T  T  Þ  U  N  I  P  T  V  Ó
H  Þ  Ú  E  R  K  Y  Ú  H  R  U  V  T  O  A  G
Þ  Q  M  V  Y  G  U  I  R  P  T  A  E  J  T  U
S  K  O  R  D  Ý  R  D  L  A  J  T  K  A  N  R
Æ  V  I  N  T  Ý  R  I  Þ  I  N  T  L  Ð  V  D
G  A  M  A  N  J  D  W  Z  B  T  Á  E  P  M  S
R  E  I  P  I  K  Þ  X  M  X  Q  O  F  K  K  O
Ð  W  H  E  Z  O  K  T  Z  O  Þ  Q  A  Z  U  Q
H  A  C  F  F  R  D  D  U  V  G  R  X  B  P  X
D  H  N  U  J  T  Z  R  V  C  S  O  B  B  H  W
H  A  T  T  U  R  S  L  R  Q  Z  G  I  K  S  F
```

TRÉ	GAMAN
HENGIRÚM	SKÓGUR
DÝR	ELDUR
ÆVINTÝRI	SKORDÝR
ÁTTAVITA	STÖÐUVATN
KLEFA	TUNGL
VEIÐA	KORT
KANÓ	FJALL
HATTUR	NÁTTÚRAN
REIPI	TJALD

10 - Arti Visive

```
X K N J G N R U E M K B C P W H
A R K I T E K T Ú R B L H K O L
V I U G N I N Á R K S Ý Y K M Þ
K E J Ð V V Ð P P O O A S E E P
S L W B A R K T F M C N A R I O
A J K Y N M K R Í T L T M A S C
Z Þ Ó Z Z G A M B F I U S M T G
D D S N K C L T G C M R E I A P
Ð W H Y A I P I S Y L W T K R O
K S N Z Þ R K V L I P Þ N Ð A R
D W Ð P L Þ H T Q B L Q I Þ V T
J T Q G S H F O Ð W W X N O E R
H Ö G G M Y N D R G G H S R E
Þ G L Æ S L A E K N E C U K K T
K X V K C G W X P B I N N E P V
K V I K M Y N D N Y M S Ó J L H
```

ARKITEKTÚR	KVIKMYND
LEIR	LJÓSMYND
LISTAMAÐUR	KRÍT
MEISTARAVERK	BLÝANTUR
KOL	PENNI
GLÆSLA	SJÓNARHORNI
VAX	PORTRET
KERAMIK	HÖGGMYND
SAMSETNINGU	LAKK
SKRÁNINGU	

11 - Tempo

```
Á  P  L  I  M  U  Ð  Á  R  B  P  U  T  Á  O  N
C  R  D  B  G  Á  H  Á  D  E  G  I  C  R  L  S
Ð  U  L  T  T  Ó  N  N  U  G  R  O  M  A  V  Z
R  Ð  T  E  I  Ð  Y  U  R  L  U  K  T  T  I  R
B  Á  M  X  G  A  D  Í  Ð  Í  G  Æ  R  U  K  X
Z  N  S  D  G  A  G  X  H  U  J  K  U  G  A  C
F  R  A  M  T  Í  Ð  J  D  Q  R  L  G  U  L  U
M  Í  N  Ú  T  A  Z  D  M  I  Ð  U  A  R  Y  K
C  Á  R  I  T  F  E  R  D  L  I  K  D  S  Z  P
H  S  Y  W  Y  D  N  U  T  S  U  K  K  U  L  K
P  I  V  P  Ö  D  J  O  O  M  E  A  F  U  K  L
J  F  M  E  Y  L  J  X  Ð  M  V  I  S  E  H  G
D  B  X  Z  W  Q  D  W  H  F  Y  V  B  E  L  Þ
B  Q  W  Z  B  V  V  K  V  P  Þ  D  P  V  F  W
C  M  J  Q  Y  X  U  N  Y  A  J  Þ  Þ  G  S  S
B  U  J  N  G  M  F  L  D  A  G  A  T  A  L  H
```

ÁR	HÁDEGI
ÁRLEGA	MÍNÚTA
DAGATAL	NÓTT
ÁRATUGUR	Í DAG
EFTIR	KLUKKUSTUND
FRAMTÍÐ	KLUKKA
DAGUR	BRÁÐUM
Í GÆR	ÁÐUR
MORGUNN	ÖLD
MÁNUÐUR	VIKA

12 - Astronomia

```
Z A Þ H S Y B N T D J J K V A V
S L O J H M Z L G E Ö X E P I P
J H K D I D Á O O O R Þ W P O O
Ó E K Y L Ý R S Ð F Ð Ð Z Y H U
N I A E F R E K T I T E N M I H
A M N L A I I G S I E S Z Z A I
U U P D R R K W L C R G T I L B
K R A F A Z I L W E S N S E L A
I J P L D B S W H H N N I M I H
C N Þ A G P T E Q U I N O X R N
N O K U N Y J E D R L U Þ V A V
N Q S G Y X A L A G J L L Þ F L
P Y Q M Þ F R G O P I S W V M B
Ð L K A O L N N M N C I C M I T
W G D D U S A U D S M E M Z E N
O B S E R V A T O R Y G V D G Þ
```

SMÁSTIRNI
GEIMFARI
HIMNETI
HIMINN
COSMOS
EQUINOX
GALAXY
ÞYNGDARAFL
TUNGL
LOFTSTEIN

ÞOKKA
OBSERVATORY
REIKISTJARNA
GEISLUN
ELDFLAUG
SJÓNAUKI
JÖRÐ
ALHEIMUR
DÝRIR

13 - Algebra

```
V A F N Ó E N D A N L E G A W J
V E L D I S V Í S I R R Z G P A
L Þ L W X L M R R U U A V I M F
K Í Ú Þ U L G W D N T N Y V R N
E V N K P R Þ L E A T G G S U A
S O R U U P A N I C Á T S M T G
B R O T L K U T L T Þ T Q H T E
Ð V S E S E Y U D W V G I X Á K
Z R G Y X Q G Þ H H A T Y E R B
F G R A F S U I G U N S P X D W
S O N Ú M E R N A T D S V G Á V
D U R I R M Y X F Ð A G U V R R
Y M Ð M T V Q B M H M B C A F R
W K U G Ú F O O I V Á Y H A L F
E I Q I K L Y F A D L A F N I E
O D N Y M R A G N I R Ý K S H A
```

SKÝRINGARMYND
DEILD
JAFNA
VELDISVÍSIR
RANGT
ÞÁTTUR
FORMÚLA
BROT
GRAF
ÓENDANLEGA

LÍNULEG
FYLKI
NÚMER
SVIGA
VANDAMÁL
EINFALDA
LAUSN
FRÁDRÁTTUR
BREYTA
NÚLL

14 - Mitologia

```
H  Z  D  P  C  I  U  W  V  L  Þ  R  U  M  U  R
E  A  A  X  B  D  A  S  Y  B  Q  V  D  J  V  U
F  A  X  P  O  N  K  T  C  T  N  I  E  W  Ö  Ð
N  K  R  J  D  F  G  D  E  J  L  Ð  H  Z  L  A
D  I  L  S  M  Í  R  K  S  Ð  N  H  M  E  U  M
H  E  G  Ð  U  N  U  P  Ö  K  S  O  M  J  N  S
H  L  N  T  Ö  F  R  A  N  D  I  R  N  Ð  D  Ð
Ö  Ð  I  L  K  S  U  J  G  M  C  F  N  B  A  Í
R  U  D  C  Þ  Q  K  T  E  A  E  H  R  X  R  R
M  A  L  Ö  M  Z  R  E  L  S  S  N  E  B  H  T
U  D  E  F  L  Z  Y  H  Ð  K  U  Ð  N  Q  Ú  S
N  Ó  N  U  H  F  T  Q  U  E  O  C  Ó  I  S  H
G  F  B  N  O  X  S  U  A  P  V  C  X  J  N  X
U  M  Ð  D  Q  P  Þ  D  D  N  O  D  Y  U  Þ  G
A  O  E  P  Y  T  E  K  R  A  U  O  M  Y  Ð  K
R  D  Y  I  A  E  J  W  R  Y  D  O  S  K  L  N
```

ARKETYPE	ÖFUND
HEGÐUN	STRÍÐSMAÐUR
SKEPNA	ÓDAUÐLEIKA
SKÖPUN	VÖLUNDARHÚS
VIÐHORF	ÞJÓÐSAGA
MENNING	TÖFRANDI
HÖRMUNG	DAUÐLEG
HETJA	SKRÍMSLI
STYRKUR	ÞRUMUR
ELDING	HEFND

15 - Piante

```
F  G  R  Ó  Ð  U  R  K  M  A  Y  K  N  O  I  A
Á  B  U  R  Ð  U  R  V  R  U  Ð  R  A  G  V  I
O  M  I  R  Ó  T  C  Y  E  Ó  J  I  L  U  Y  R
C  R  G  V  C  R  F  Q  B  F  N  G  Ð  D  K  N
F  L  O  R  A  L  P  R  E  G  P  U  T  R  É  D
X  H  V  B  A  L  W  M  A  K  I  A  B  S  W  F
V  Y  X  A  S  U  B  M  A  B  Ð  P  I  L  S  C
U  A  D  U  K  B  E  Ð  C  E  Q  K  Þ  W  A  W
F  I  X  N  Ó  P  G  Þ  E  K  A  U  G  L  W  Ð
Z  N  L  A  G  W  C  O  U  L  J  G  T  Z  J  Z
K  Ð  R  V  U  M  Z  A  M  L  A  G  U  Q  Ð  G
A  I  Ð  Æ  R  F  A  S  A  R  G  E  R  Q  N  Ð
K  R  Q  X  E  R  M  M  V  E  K  H  P  A  K  X
T  Þ  E  Þ  R  I  Ð  J  Y  T  Y  D  C  Q  S  I
U  Y  J  Ð  U  I  Ð  K  I  M  F  M  N  Þ  F  M
S  B  L  Ó  M  B  U  S  H  M  O  S  S  F  T  W
```

TRÉ   ÁBURÐUR
BER   BLÓM
BAMBUS   FLORA
GRASAFRÆÐI   SM
KAKTUS   SKÓGUR
BUSH   GARÐUR
VAXA   MOSS
IVY   KRÓNUBLAÐ
GRAS   RÓT
BAUN   GRÓÐUR

16 - Spezie

```
C V M C S S T L A S Þ S A S M V
V A L R N Í A Ð K U A Æ M K V K
X N Y B B R K F K M H T F A A A
N I U S L K S Ð F Ú S U L R I R
F L P J Y K Ú E L R M R Q R D D
X L Z Z Y A M Q H U A E V Ý C E
Z U S B Z L R U S T R N N K R M
V E B L S E J K Y I U J S A L O
Q I O P E N P I Ó B E S Í N A M
Q M H I H N B R Y R U G O I U M
P L W I T E N E S A Í A N L K U
N Q E Þ H F W M F P W A R X U T
P A P R I K A R O I D A N B R P
E N G I F E R Ú R P F V U D Y N
Q W D C R A H T Þ Q A M T G E H
H V Í T L A U K U R Y F Z R Þ R
```

HVÍTLAUKUR

BITUR

ANÍS

KANIL

KARDEMOMMU

LAUKUR

KÓRÍANDER

KÚMEN

TÚRMERIK

KARRÝ

SÆTUR

FENNEL

LAKKRÍS

MÚSKAT

PAPRIKA

PIPAR

SALT

VANILLU

SAFFRAN

ENGIFER

17 - Numeri

```
Q  Á  S  L  A  R  Í  R  Þ  M  F  R  I  W  Þ  U
Ð  T  A  P  X  I  F  Þ  O  T  Y  V  K  B  M  H
F  T  U  Þ  G  E  C  X  R  Y  C  B  V  Z  E  W
Y  A  T  P  J  V  S  M  O  P  P  G  G  C  B  D
Ð  I  J  F  Ð  T  E  B  N  Á  T  J  Á  N  T  M
S  X  Á  Y  O  O  U  F  I  M  M  T  Á  N  J  M
Z  M  N  C  X  J  Þ  T  A  B  J  L  E  U  A  I
A  U  K  A  S  T  A  F  T  I  P  C  R  X  B  F
T  Ó  L  F  H  Y  V  Q  Y  U  Í  T  N  H  J  J
Þ  R  E  T  T  Á  N  O  N  D  G  Þ  K  Í  D  Ó
G  G  P  E  Þ  Þ  Á  U  I  N  S  U  X  S  U  R
N  W  P  S  K  Ö  J  S  S  U  B  Þ  V  E  M  I
F  Z  D  Ð  D  V  T  W  N  E  L  M  Q  X  R  R
Þ  E  M  T  M  T  Í  Þ  Ð  R  T  B  F  T  P  Þ
N  Ú  L  L  P  F  N  Á  T  R  Ó  J  F  Á  X  Z
M  H  N  Q  Þ  C  H  A  U  R  Z  N  A  N  B  V
```

FIMM	FJÓRTÁN
AUKASTAF	FJÓRIR
NÍTJÁN	FIMMTÁN
SAUTJÁN	SEXTÁN
ÁTJÁN	SEX
TÍU	SJÖ
TÓLF	ÞRÍR
TVEIR	ÞRETTÁN
NÍU	TUTTUGU
ÁTTA	NÚLL

18 - Cioccolato

```
K  U  G  P  J  B  U  Ð  K  Þ  B  N  O  D  Q  Þ
A  S  Ð  J  I  V  Y  H  N  A  U  C  F  U  H  B
R  U  M  L  I  N  F  E  D  P  K  O  Ð  F  V  Ð
A  U  F  R  A  M  A  N  D  I  Q  Ó  D  T  Þ  Q
M  F  T  H  I  T  A  E  I  N  I  N  G  A  R  Þ
E  L  Ð  I  H  N  E  T  U  M  K  N  X  V  U  C
L  N  J  Ð  B  L  Y  I  W  N  H  A  J  F  K  Z
L  A  Z  Ú  P  V  O  V  N  G  W  S  N  G  Y  Z
A  M  A  T  F  I  R  K  S  P  P  U  B  E  S  G
A  M  Þ  I  N  F  E  R  A  N  U  X  O  D  N  A
D  I  Ð  E  A  T  E  N  H  S  O  K  Ó  K  U  V
M  Q  N  H  B  U  C  N  P  V  Ð  S  B  T  U  Q
Ð  Z  Y  C  L  Þ  P  G  G  A  A  Y  I  U  R  Y
O  M  U  M  P  U  Q  X  Þ  U  O  E  Ð  U  D  G
U  P  P  Á  H  A  L  D  S  Þ  R  S  Æ  T  U  R
H  A  N  D  V  E  R  K  O  B  R  A  G  Ð  V  K
```

BITUR	SÆTUR
ANDOXUNAREFNI	FRAMANDI
HNETUM	BRAGÐ
ILMUR	EFNI
HANDVERK	KÓKOSHNETA
KAKÓ	DUFT
HITAEININGAR	UPPÁHALDS
NAMMI	GÆÐI
KARAMELLA	UPPSKRIFT
LJÚFFENGUR	SYKUR

19 - Guida

```
G V O I M Y A J F W E X Ð W Y H
Ö A E Q R Ð Y W N O I N W P V R
N M P G O I B W Q H G A S J V A
G X J T U T A H K Æ X L L Í B Ð
Ð Ð Ð D Z R W C V T W G P U O I
E Þ R P Y Q G C R T C E G C M I
G A N G A N D I Ú A Þ R K O R T
L G S F Q R Ð G T L V G W B U Y
Ó E F H G R Þ G U Q I Ö X Ð S E
J Ð Y H P R N Y L Y M L C Ð M N
H U W F Þ M C R Þ D S T K C E S
R H M R I O M Ö Z D Ð V L O R D
O W X F M Ó T O R S L Y S Þ B L
T Y R A E X M L B Í L S K Ú R E
Ó M S Q F R U G N Ö G M A S B Z
M I Ð G O Z Ð Ð Þ Q Z C T U E K
```

BÍLL	MÓTOR
RÚTU	GANGANDI
ELDSNEYTI	HÆTTA
BREMSUR	LÖGREGLAN
BÍLSKÚR	ÖRYGGI
GAS	VEGUR
SLYS	UMFERÐ
LEYFI	SAMGÖNGUR
KORT	GÖNG
MÓTORHJÓL	HRAÐI

20 - I Media

```
Ú  A  U  G  L  Ý  S  I  N  G  L  X  B  F  M  S
N  T  V  I  T  S  M  U  N  A  L  E  G  U  M  A
E  S  V  F  J  Á  R  M  Ö  G  N  U  N  S  U  M
T  R  J  A  F  Á  G  T  Ú  E  Ð  Z  C  V  Y  S
Z  A  U  N  R  Z  I  D  H  V  Þ  Á  H  D  Ð  K
X  G  E  R  R  P  E  Ð  D  D  Z  W  L  J  C  I
Á  N  E  T  I  N  U  V  N  U  U  W  U  I  L  P
A  I  S  Y  D  S  Þ  F  P  A  S  A  V  M  T  T
S  S  T  D  N  T  Q  K  R  Z  Ð  S  K  Y  M  I
J  Ý  A  J  Y  A  K  O  U  N  Ö  U  L  N  Q  C
Ó  L  F  X  E  Ð  V  P  W  O  L  Þ  R  D  W  V
N  G  R  G  R  B  V  I  O  Q  B  Þ  K  I  F  B
V  U  Æ  G  Ð  Æ  M  N  V  R  G  Q  G  R  E  C
A  A  N  W  A  R  Þ  B  B  F  A  M  S  E  D  Z
R  M  P  Q  T  F  Þ  E  P  Y  D  I  H  M  R  Ð
P  R  B  Z  S  P  D  R  M  E  N  N  T  U  N  G
```

AUGLÝSING   VITSMUNALEGUM
SAMSKIPTI   STAÐBÆR
STAFRÆN   Á NETINU
ÚTGÁFA   ÁLIT
MENNTUN   AUGLÝSINGAR
STAÐREYNDIR   OPINBER
FJÁRMÖGNUN   ÚTVARP
MYNDIR   NET
DAGBLÖÐ   SJÓNVARP
IÐNAÐUR

21 - Forza e Gravità

```
F  J  A  R  L  Æ  G  Ð  A  G  K  Þ  S  S  O  U
Þ  J  M  S  T  B  M  W  J  N  V  R  P  E  M  P
E  Ð  L  I  S  F  R  Æ  Ð  I  I  Ý  O  G  K  P
S  E  V  V  Y  K  O  J  I  F  K  S  R  U  Z  G
Q  K  I  É  Þ  Q  J  Ð  M  Y  N  T  B  L  L  Ö
T  Ð  R  G  L  O  K  K  Q  E  O  I  R  M  A  T
M  Z  V  I  N  F  E  Y  B  R  V  N  A  A  Á  V
T  M  A  M  Ð  I  R  E  Q  H  Á  G  U  G  S  U
U  K  M  Í  Z  Þ  R  Æ  V  V  H  U  T  N  P  N
O  D  C  T  Þ  L  U  G  Ð  Y  R  R  Þ  N  T  M
S  T  Æ  K  K  U  N  N  U  I  I  Ð  I  Y  X  F
U  K  D  U  J  Q  L  I  G  Ð  F  Þ  Y  N  G  D
L  W  W  Ð  C  R  Q  N  X  A  Ð  I  L  H  L  A
K  K  T  Z  X  L  J  Ú  S  R  B  C  Y  X  O  Þ
I  A  E  O  D  Þ  C  N  G  H  M  S  Q  Q  E  O
Y  A  X  R  Ð  G  S  N  C  Y  V  N  M  U  P  B
```

ÁS	HREYFING
NÚNING	SPORBRAUT
MIÐJA	ÞYNGD
KVIK	ÞRÝSTINGUR
FJARLÆGÐ	EIGNIR
STÆKKUN	UPPGÖTVUN
EÐLISFRÆÐI	SKRIÐÞUNGA
ÁHRIF	TÍMI
SEGULMAGN	ALHLIÐA
VÉLFRÆÐI	HRAÐI

22 - Sport

```
N H D H U M U Þ M A Ð R O E X D
Æ C E T T A A H J X N Ð Ð R C E
R K N I E B R R Á G E T U T V S
I W M T L H U C K M D T G N P E
N C Z P Þ S Ð Þ E M A T R A J H
G H C I J U A Y R T I R R O F R
Í J V K Á W M D Þ Y N Ð K R I N
Þ E B S L Ð A L Ó J H U T A Ð B
R K H A F W T M A T A R Æ Ð I W
Ó A S N A D T V V F U R I U M C
T Z T F R L Ó C Ð J J U Þ V A Z
T V L E I S R O Ö J O K K O K S
I H V T M H Þ Þ V P P R W A Í D
R F F R G M Í Q X Þ T Y C L L A
R G G Y T Ð J U U P K T Y U D F
T K Ð S G Y B G I Q H S U U F I
```

ÞJÁLFARI
ÍÞRÓTTAMAÐUR
GETU
HJARTA
HJÓLA
LÍKAMI
DANSA
MATARÆÐI
STYRKUR
SKOKK

HÁMARKA
EFNASKIPTI
VÖÐVA
NÆRING
MARKMIÐ
BEIN
FORRIT
ÞREK
HEILSA
ÍÞRÓTTIR

23 - Caffè

```
N Þ B S Þ I A Ð U T Y G Y G U Q
S H T O K S V A R T S V E R Ð Ð
F R U M L I Y Z Ú M Í D Z N T T
X J B P Ó L Þ O S F A M Ó J R K
J V Ö Þ J A I M O R G U N N U B
N U C L M Z H J B O P F Í Y T P
D I X M B B Ð S G C R H F C I U
S X Þ W H R S Y K U R H F C B P
B D Þ R D R E Z K H I B O H M P
R S R N N V A Y Þ O B D K B J R
E B C Y I D N A T Ó J L F I T U
N V Ð S K Y S O H N A O C Y Z N
N Z G C Ð K M J Þ K I V A T N A
T M A L A L U U Ð Þ S L V N U W
K S R E G I O R R Q D Ð U W N M
A H B A B Q L R L L U M D W A V
```

SÚR
VATN
BITUR
ILMUR
BRENNT
DRYKKUR
KOFFÍN
RJÓMA
SÍA
BRAGÐ

MJÓLK
FLJÓTANDI
MALA
MORGUNN
SVART
UPPRUNA
VERÐ
BOLLI
FJÖLBREYTNI
SYKUR

24 - Uccelli

```
A Q V U E K N Ð Ó R Y L P F P W
S J E G W E S L I Ð N A Z J L W
K Ð F A K A V Ð F Ö R N U J M I
H I U E N L P S E Y W D L G I S
Z X A Y R U F Á M G F M H V M T
X T N J U I Q A G A U K U R K R
S T O R K U R K G D D F J G Z Ú
Æ O R U U P X D E O Ú P P C U T
G P E G A Þ W A X E U F N O M U
R E H N G V U O G N I M A L F R
Ö A U I A H Z E E S H D C Ð X U
M C E L F C A I C X H C I S C N
Þ O T K Á Y U U P A L T L D Ð A
B C I Ú P Z S O K A R F E Y W V
V K S J M E V E T U D X P L Y S
G Æ S K Ö N D C W O R R A P S R
```

HERON	GÆS
ÖND	PÁFAGAUKUR
ÖRN	SPARROW
STORKUR	PEACOCK
SVANUR	PELICAN
DÚFA	MÖRGÆS
GAUKUR	KJÚKLINGUR
HAUKUR	STRÚTUR
FLAMINGO	TOUCAN
MÁFUR	EGG

25 - Giorni e Mesi

```
S  F  E  B  R  Ú  A  R  B  G  N  P  T  F  Þ  S
R  E  B  M  E  V  Ó  N  Þ  W  E  K  Þ  C  R  U
K  L  P  D  F  Ö  S  T  U  D  A  G  U  R  I  N
I  C  A  T  S  Ú  G  Á  Ð  A  D  P  E  Z  Ð  N
P  R  M  M  E  R  Z  G  Ð  Z  W  J  N  Q  J  U
C  C  P  U  O  M  N  L  Ð  W  S  Q  D  L  U  D
T  S  I  Q  B  R  B  J  L  N  V  R  Ð  E  D  A
D  A  G  A  T  A  L  E  Í  N  Ú  J  X  M  A  G
Á  Y  J  R  U  G  A  D  R  A  G  U  A  L  G  U
D  R  A  E  Q  N  K  Ð  P  A  K  Z  H  G  U  R
F  F  N  B  L  O  I  Þ  A  Þ  U  S  Q  Y  R  O
R  J  Ú  Ó  I  N  V  N  W  M  Á  N  U  Ð  U  R
Þ  C  A  T  B  D  E  S  E  M  B  E  R  J  H  A
W  O  R  K  M  Á  N  U  D  A  G  U  R  Ú  W  O
I  A  U  O  N  M  T  I  S  Ð  R  G  H  L  D  Ð
M  I  Ð  V  I  K  U  D  A  G  U  R  S  Í  O  H
```

ÁGÚST	MÁNUDAGUR
ÁR	ÞRIÐJUDAGUR
APRÍL	MIÐVIKUDAGUR
DAGATAL	MÁNUÐUR
DESEMBER	NÓVEMBER
SUNNUDAGUR	OKTÓBER
FEBRÚAR	LAUGARDAGUR
JANÚAR	SEPTEMBER
JÚNÍ	VIKA
JÚLÍ	FÖSTUDAGUR

26 - Casa

```
L F G L O F T D Z X Q Ð W T Y F
Ð L F S Ú H D L E X L F Q V S I
J U J K P C U Z W C C K E T M V
M H B U H E A T T O M F L Ó G E
M E L T Æ E G R U Ð R A G N V G
O A O R Ð B P I I Y Ð G B T V G
V E D U D Q Ó T L N C L R W Ð A
V E Þ T G W A K Ð L N U A D K K
B Í L S K Ú R A A C G G N F Ú Z
G I R Ð I N G Þ Þ S I G N U S D
H Á A L O F T I N U A I O R T Q
M P P X L H U R Ð R Z F Þ W U D
T Q D I A J E X A Ð M L N H R K
K A S E M H E R B E R G I M Þ M
A B I C P M Q A F C D W Y E V W
Z R U B I M J A N D G L Ð G M M
```

HÁALOFTINU	VEGG
BÓKASAFN	HÆÐ
HERBERGI	HURÐ
ARINN	GIRÐING
ELDHÚS	BRANN
STURTU	KÚSTUR
GLUGGI	LOFT
BÍLSKÚR	SPEGILL
GARÐUR	GÓLFMOTTA
LAMPI	ÞAK

27 - Fantascienza

```
S  B  E  X  T  R  E  M  E  D  Ú  T  U  M  L  I
P  A  L  G  E  L  D  U  R  Y  T  F  O  Þ  O  X
R  T  H  E  W  I  Q  V  Æ  S  Ó  J  K  J  T  R
E  B  Y  J  K  O  O  X  B  T  P  Y  V  G  U  A
N  Þ  R  Þ  K  Y  J  Á  Ó  Í  W  I  A  K  U
G  R  W  O  D  H  I  H  R  P  A  W  K  L  E  N
I  Ð  T  Æ  K  N  I  N  F  Í  F  Ð  M  A  R  H
N  A  R  T  P  C  W  Ð  G  A  R  A  Y  X  F  Æ
G  R  U  L  L  U  F  R  A  L  U  D  N  Y  I  F
P  Á  Y  Z  L  V  B  W  H  S  M  N  D  T  N  T
H  S  Z  P  H  Y  É  Æ  C  U  I  Y  A  Q  U  Ð
E  W  D  X  B  V  W  F  K  G  E  M  H  F  W  E
V  É  L  M  E  N  N  I  R  U  H  Í  Ú  K  I  C
M  C  L  K  V  Þ  Y  B  T  É  R  Þ  S  B  G  X
Þ  Z  O  R  V  T  W  E  Q  L  T  H  W  G  V  Z
Ð  S  K  I  M  R  E  L  I  Þ  Y  T  N  P  Y  B
```

LOTUKERFINU
KVIKMYNDAHÚS
DYSTÓPÍA
SPRENGING
EXTREME
FRÁBÆR
ELDUR
GALAXY
BLEKKING
ÍMYNDAÐ

BÆKUR
DULARFULLUR
HEIMUR
VÉFRÉTT
RAUNHÆFT
VÉLMENNI
ATBURÐARÁS
TÆKNI
ÚTÓPÍA

28 - Città

```
G A S Ð Q X E K B L Ó M A B Ú Ð
F O O X Þ A H K A E W V E W D Ú
C M C M P W O E W T V E M Q Ý B
G A L L E R Í T V Ó Þ R A J R A
V Ö L L I N N Ó U H G S T H A K
B A K A R Í F P Y Þ M L V Z G Ó
P K B A N K I A K Q B U Ö T A B
F B B O Q C V W S O F N R F R Q
K V I K M Y N D A H Ú S U O Ð E
R C A J U R G F J N Q X B Y U G
L E I K H Ú S M A Ð Þ Ð Ú Z R U
S A S K Ó L I V T S J Z Ð N Þ Ð
F L U G V Ö L L U R A O C Þ F W
M A R K A Ð U R I C O K O C Ð P
S N Y R T I S T O F A U Ó H Y X
H Á S K Ó L I W E A U P I B H P
```

FLUGVÖLLUR	SAFN
BANKI	VERSLUN
BÓKASAFN	BAKARÍ
KVIKMYNDAHÚS	SNYRTISTOFA
APÓTEK	SKÓLI
BLÓMABÚÐ	VÖLLINN
GALLERÍ	MATVÖRUBÚÐ
HÓTEL	LEIKHÚS
BÓKABÚÐ	HÁSKÓLI
MARKAÐUR	DÝRAGARÐUR

29 - Fattoria #1

```
H  F  L  O  K  K  U  R  U  F  L  Á  K  G  S  J
G  R  U  G  N  I  L  K  Ú  J  K  M  L  Q  V  Y
W  U  Í  O  Ð  G  K  I  B  F  V  U  M  E  Í  Z
Z  T  B  S  A  N  P  W  R  W  A  J  Q  V  N  R
J  T  L  O  G  E  N  H  K  G  B  A  W  O  P  K
Þ  Ö  D  H  Z  R  R  Y  V  L  K  Z  V  A  R  X
Ð  K  D  H  J  F  J  P  W  A  Þ  V  U  J  Y  J
C  R  Y  G  K  Ý  R  Ó  V  I  T  T  H  Á  Y  G
J  F  L  I  A  N  A  L  N  W  Ð  N  U  B  S  L
I  Y  X  R  R  E  R  Ð  K  B  H  P  N  U  X  N
H  H  F  Ð  X  P  H  L  W  Z  K  L  D  R  Ð  V
E  B  R  I  C  H  U  N  A  N  G  Q  U  Ð  L  M
S  H  Æ  N  B  H  Þ  K  Þ  G  L  F  R  U  I  V
T  J  W  G  B  E  R  O  N  L  E  X  M  R  Q  E
U  Y  R  D  A  Y  S  H  G  E  O  I  N  S  A  A
R  U  Ð  A  N  Ú  B  D  N  A  L  S  T  N  Þ  Þ
```

VATN	KÖTTUR
LANDBÚNAÐUR	FLOKKUR
BÍ	SVÍN
ASNI	HUNANG
ENGI	KÝR
HUNDUR	KJÚKLINGUR
GEIT	GIRÐING
HESTUR	HRÍSGRJÓN
ÁBURÐUR	FRÆ
HEY	KÁLFUR

30 - Psicologia

```
Æ  Q  F  G  Y  B  M  H  F  D  M  C  W  L  Á  B
S  I  M  X  G  A  I  N  U  M  S  T  I  V  H  F
I  Ð  R  F  R  R  N  U  Ð  G  E  H  A  G  R  S
F  T  Y  B  A  N  N  D  A  B  M  G  W  I  I  Þ
R  R  Þ  Q  G  Æ  I  K  O  Y  H  Y  G  G  F  Ð
E  S  E  U  N  S  N  P  R  Á  T  S  N  E  G  Ó
G  K  D  Y  I  K  G  V  B  L  T  C  S  D  G  B
N  Y  R  G  N  A  A  D  D  S  A  Ö  W  X  I  T
K  N  A  Y  N  S  R  E  Z  D  M  I  K  A  S  R
Þ  J  U  Þ  I  R  L  Á  M  A  D  N  A  V  C  G
K  U  M  I  F  Q  O  U  M  E  Ð  F  E  R  Ð  K
H  N  A  K  L  Í  N  Í  S  K  A  H  G  Ð  P  S
S  Z  R  N  I  K  I  E  L  U  R  E  V  D  F  E
U  G  E  H  T  H  U  G  S  A  N  I  R  F  A  P
U  K  N  G  I  B  O  U  V  F  L  L  F  E  G  G
P  E  R  S  Ó  N  U  L  E  I  K  I  O  Y  E  U
```

KLÍNÍSK	HUGSANIR
VITSMUNI	SKYNJUN
HEGÐUN	PERSÓNULEIKI
ÁTÖK	VANDAMÁL
EGÓ	VERULEIKI
TILFINNINGAR	MINNINGAR
REYNSLU	ÆSIFREGN
HUGMYNDIR	DRAUMAR
BARNÆSKA	MEÐFERÐ
ÁHRIF	MAT

31 - Paesaggi

```
K S L R E V H S O G L A B V L K
R T E E L L A J F D L E M Z I S
T Ö F J A L L Ó D W W F G H L N
Ð Ð E Y J A Y T Z Z I H M D L X
H U Æ O Ð I T I T J N T Z Z E F
J V H H J Ö K U L L A B Ð H H B
J A J Q A I R Ý M M E G A A F L
A T P R Þ F Ö S W T G P H F J Z
H N B Þ L E M H A U F O S S A R
Q Z Y F Ð N I Y I N T Y S L R I
C Þ F Þ F Q Ð D G D K J E N A V
A X U M Ð M Y S A R U L A D L E
H W Z I F E E Q K A E F H Q N R
D Q D V X F E F S R O B I T N Z
Þ F B I Q Q J Þ R R Y Q S F Z H
B Ð V J R C Ð C O B P Q P Í M P
```

FOSS	SJÓ
HÆÐ	FJALL
EYÐIMÖRK	VIN
RIVER	HAF
GOSHVER	MÝRI
JÖKULL	SKAGI
HELLI	FJARA
ÍSBERG	TUNDRA
EYJA	DALUR
STÖÐUVATN	ELDFJALL

32 - Energia

```
Y A G T J H H Ð Q Þ C F V H W R
L Ð Q M K B W O A L D X Þ É Q A
Þ A G W Z T Ð F A T I H Ð D L F
F L P Z Y L E Ð W Ð B F O E E E
N H H D J L J Ó S E I N D C N I
R F S X R K E L L F Þ E W B D N
R A F M A G N S F D M B R F U D
R R U D N I V J P Í K U K Ó R N
E L D S N E Y T I S J M D D N I
Y P N W Í G G K N E A H V L Ý T
Þ A T N S D M G F L R V E E J Ú
S R X U N A N R E Ð N E T V A R
P R N B E R P U L I O R N O N B
S D T Y B W K Y O D R F I V L Í
M E N G U N M T K U K I J P E N
P E I Ð N A Ð U R F U F U G G A
```

UMHVERFI	LJÓSEIND
RAFHLAÐA	VETNI
BENSÍN	IÐNAÐUR
HITA	MENGUN
KOLEFNI	VÉL
ELDSNEYTI	KJARNORKU
DÍSEL	ENDURNÝJANLEG
RAFMAGNS	TÚRBÍNA
RAFEIND	GUFU
ÓREIÐA	VINDUR

33 - Ristorante #2

```
L  V  A  V  L  Ð  I  E  K  S  Í  Y  F  Þ  F  Á
M  K  A  G  F  F  V  H  R  D  Ú  T  Ð  X  I  V
Y  O  Z  P  Q  P  P  J  Y  X  R  P  V  V  S  Ö
B  V  T  S  D  Ð  Z  U  D  V  Ð  Y  A  I  K  X
T  E  X  R  U  T  A  M  D  L  Ö  V  K  O  U  T
H  Á  D  E  G  I  S  V  E  R  Ð  U  R  K  R  U
E  Y  U  F  E  D  R  N  M  S  G  A  H  E  U  R
Þ  O  M  O  P  M  E  A  E  T  T  Þ  H  G  Ð  R
J  S  G  L  Y  F  C  R  M  K  U  T  I  F  G  S
Ó  P  A  K  A  K  F  O  R  R  É  T  T  U  R  A
N  X  X  L  Ó  T  S  Z  Q  W  Y  A  E  J  Q  L
N  E  J  S  A  G  A  F  F  A  L  W  M  L  L  T
T  G  Z  M  H  T  L  J  Ú  F  F  E  N  G  U  R
A  G  Q  W  Q  X  U  X  C  Q  H  A  Æ  Z  F  B
V  U  V  O  F  D  L  J  Ð  O  O  J  R  V  U  A
R  P  M  Y  M  Þ  T  Ð  Þ  F  X  J  G  Z  R  V
```

VATN
FORRÉTTUR
DRYKKUR
ÞJÓNN
KVÖLDMATUR
SKEIÐ
LJÚFFENGUR
GAFFAL
ÁVÖXTUR
ÍS

SALAT
SÚPA
FISKUR
HÁDEGISVERÐUR
SALT
STÓL
KRYDD
KAKA
EGG
GRÆNMETI

34 - Moda

```
G B L A E S R U T S G Æ L O J E
Ú I U V R T E W Ð W V Y G R Ý D
T T G D V E I N F E Q G Þ I D D
S L S J M F M Á F E R Ð L G B C
V A Ð A D N A O M B E Q C I P O
F F H P U A E Z V Q U B T N O Ð
J N Y P G M B M F T Q A G L O C
C I Þ A R L U P K Ð I M E E M T
W E Z N L J Æ R T S T Í L G Æ B
A F F H B J J S K M U T I T L D
H Y S A G J L A I Ð O Ú G Ý I Q
O Y Y Q T V K Y K L B N Æ N N G
N K I I M N G Y L W È Q Þ G G Z
H Ó G V Æ R A N H R D G H A A S
N U K C B Q F Ð R Þ U U U H R X
M Y N S T U R A G N R P Z R J M
```

FATNAÐ
BOUTIQUE
DÝR
ÞÆGILEGT
GLÆSILEGUR
LÆGSTUR
MÆLINGAR
MYNSTUR
NÚTÍMA
HÓGVÆR

ORIGINLEGT
REIMA
HAGNÝT
HNAPPA
ÚTSAUMUR
EINFALT
STÍL
STEFNA
EFNI
ÁFERÐ

35 - L'Azienda

```
J  J  A  K  I  M  O  R  Ð  S  P  O  R  O  Á  N
R  Á  U  Y  X  X  Ö  M  C  T  H  X  H  R  H  Ý
P  K  Ð  N  X  R  A  G  N  I  N  I  E  Z  Æ  J
S  V  L  N  M  G  L  R  U  Ð  A  N  Ð  I  T  A
E  Ö  I  I  Ð  Q  O  U  R  L  C  N  F  Þ  T  R
R  R  N  N  T  O  G  J  Ö  P  E  K  Q  K  A  Q
U  Ð  D  G  G  K  H  K  V  Z  H  I  L  A  U  N
G  U  I  E  N  Æ  F  E  O  C  B  D  K  J  G  U
E  N  R  Z  H  T  Ð  T  K  M  W  N  Q  A  W  Ó
L  N  V  J  P  T  F  I  P  M  C  A  N  Ð  T  R
G  G  W  X  I  H  K  T  T  U  K  P  Q  K  W  Þ
A  T  V  I  N  N  A  K  Þ  O  U  A  H  E  N  Z
F  J  Á  R  F  E  S  T  I  N  G  K  T  B  K  T
F  R  A  M  F  A  R  I  R  A  J  S  P  D  Ð  Q
Þ  S  V  Z  A  L  Þ  J  Ó  Ð  L  E  G  T  I  G
K  Þ  J  B  Þ  E  V  R  R  B  I  Q  C  B  S  X
```

SKAPANDI
ÁKVÖRÐUN
ALÞJÓÐLEGT
IÐNAÐUR
NÝJAR
FJÁRFESTING
ATVINNA
MÖGULEIKA
KYNNING
VÖRU

FAGLEGUR
FRAMFARIR
GÆÐI
TEKJUR
ORÐSPOR
ÁHÆTTA
AUÐLINDIR
LAUN
ÞRÓUN
EININGAR

36 - Giardino

```
G F S T R N T Ð X H R F O G J A
A Y Ð Z O M D N Ö R E V T V Q H
Ð F C J H P S C U Í T J Ö R N Þ
S Y X I B G O B S F C J M Ð J O
R I I Z Q Y A E Í A F Y B O A L
T R A M P Ó L Í N L B E I H R H
N W W Ó L X Þ B J J S U J Y Ð V
Þ K F L I V X B T M P K S Y V Í
G Ð A B G R A S F L Ö T Ú H E N
A N U G N Ö L S M M O Z G R G V
I J I J T B I S G O T I A U U I
D A A Ð Ð A A B R K R P R K R Ð
I L L G R E S I A A É E Ð K Þ U
U L W Þ O I F Y S C I P U E Y R
F R U Ð R A G N I D L A R B U K
H E N G I R Ú M V B P V Z I X F
```

TRÉ
HENGIRÚM
BUSH
GRAS
ILLGRESI
BLÓM
ALDINGARÐUR
BÍLSKÚR
GARÐUR
MOKA

BEKKUR
GRASFLÖT
HRÍFA
GIRÐING
TJÖRN
JARÐVEGUR
VERÖND
TRAMPÓLÍN
SLÖNGUNA
VÍNVIÐUR

37 - Riscaldamento Globale

```
V  K  T  U  I  Þ  U  U  N  Ú  N  A  F  Y  K  I
Í  R  J  M  D  R  X  G  D  Z  B  R  B  E  L  G
S  E  R  H  F  Ó  D  I  A  I  K  L  J  G  P  G
I  P  Í  V  R  U  L  B  I  C  M  Z  U  E  B  M
N  P  K  E  A  N  A  V  X  V  J  G  K  L  L  I
D  A  I  R  M  G  G  K  Y  N  S  L  Ó  Ð  I  R
A  L  S  F  T  Ö  Z  C  R  B  N  Í  M  Ó  L  U
M  Ö  S  I  Í  G  N  C  M  O  N  B  B  J  G  K
A  G  T  S  Ð  Y  L  N  E  H  S  Ú  G  Þ  Y  S
Ð  G  J  Þ  P  B  F  I  Z  K  G  A  I  L  H  Í
U  J  Ó  V  E  Ð  U  R  F  A  R  A  T  A  T  T
R  Ö  R  I  Ð  N  A  Ð  U  R  A  H  S  E  A  K
F  F  N  L  T  B  Ú  S  V  Æ  Ð  I  A  S  N  R
G  I  W  Ð  O  O  E  M  C  V  V  X  T  C  T  A
C  X  L  U  B  X  D  Þ  M  L  V  Þ  I  D  B  I
S  M  N  F  U  V  D  J  R  Y  P  M  H  E  C  F
```

UMHVERFIS
ARKTÍSKUR
ATHYGLI
VEÐURFAR
KREPPA
GÖGN
ORKA
FRAMTÍÐ
GAS
KYNSLÓÐIR

RÍKISSTJÓRN
BÚSVÆÐI
IÐNAÐUR
ALÞJÓÐLEG
LÖGGJÖF
NÚNA
ÍBÚA
VÍSINDAMAÐUR
ÞRÓUN
HITASTIG

38 - Frutta

```
V  Ó  P  S  Ð  A  P  P  E  L  S  Í  N  A  F  Q
A  G  I  P  L  Ó  M  A  I  Z  Þ  B  A  A  Y  E
Y  N  E  T  H  I  R  W  L  M  M  B  Z  V  I  L
A  A  A  E  Q  B  R  M  P  A  T  V  K  Ó  P  M
P  M  Q  N  H  L  P  B  E  R  R  G  P  K  Ð  D
A  M  K  I  A  H  T  E  Y  L  E  F  C  A  K  H
P  K  I  R  T  S  T  X  R  Ð  B  B  P  D  D  B
B  N  R  A  Z  Y  H  Y  A  A  N  S  M  Ó  F  Z
Ð  B  S  T  Z  G  L  Ð  K  Q  Í  H  Y  Ó  C  Q
M  A  U  C  F  R  J  Ð  C  R  V  O  Q  X  R  K
J  N  B  E  E  M  E  L  Ó  N  A  Z  Þ  O  L  B
A  A  E  N  R  H  I  N  D  B  E  R  J  U  M  C
W  N  R  O  S  A  P  R  Í  K  Ó  S  A  C  K  C
P  I  Y  N  K  C  Y  Q  V  S  Í  T  R  Ó  N  U
R  Q  C  R  J  G  X  H  Í  R  Þ  E  L  L  S  Y
O  C  I  V  A  O  Þ  Þ  K  O  V  D  B  Z  O  L
```

APRÍKÓSA	MANGÓ
ANANAS	EPLI
APPELSÍNA	MELÓNA
AVÓKADÓ	BRÓMBER
BER	NECTARINE
BANANI	PAPAYA
KIRSUBER	PERA
KÍVÍ	FERSKJA
HINDBERJUM	PLÓMA
SÍTRÓNU	VÍNBER

39 - Fattoria #2

```
Þ  Ð  K  U  F  W  G  V  J  Ð  U  K  M  V  Q  J
J  J  O  T  F  X  Y  Æ  L  M  L  H  J  H  F  O
J  F  R  I  Ð  R  I  H  S  Á  O  J  Ó  L  C  F
V  I  N  E  B  Ý  T  U  Þ  I  V  J  L  Ö  X  Y
B  Y  K  V  I  D  I  D  Ý  R  R  Ö  K  Ð  Þ  T
M  Ó  W  Á  I  A  E  N  X  E  Þ  O  X  U  D  R
A  R  N  I  M  M  V  A  J  Ú  R  M  S  T  D  U
L  A  T  D  Z  A  H  M  Z  B  K  A  W  K  U  Ð
Y  L  V  N  I  L  É  V  R  A  T  T  Á  R  D  R
O  J  Z  Ö  M  E  O  K  I  N  D  U  J  P  Þ  A
R  X  S  S  R  T  Q  V  M  G  E  R  E  S  K  G
M  N  A  W  I  E  T  X  B  U  R  V  N  J  X  N
P  Z  T  K  F  I  L  V  Y  L  M  B  G  E  D  I
Þ  L  Ð  B  T  W  B  Ð  G  F  V  C  I  D  R  D
P  D  Ð  D  V  C  U  R  G  Ý  U  U  B  R  Z  L
O  E  E  O  D  B  U  X  C  B  J  G  I  D  U  A
```

LAMB	ÁVEITU
BÓNDI	LAMADÝR
BÝFLUGNABÚ	MJÓLK
ÖND	KORN
DÝR	GÆSIR
MATUR	BYGG
HLÖÐU	HIRÐIR
ÁVÖXTUR	KIND
ALDINGARÐUR	ENGI
HVEITI	DRÁTTARVÉL

40 - Verdure

```
A O G E K A R T Ö F L U P W J A
H R F Q N I U P M S N R P P D R
U Z D T Y G D U Z D X U L Þ U T
R Æ Ð J A T I J Þ M V K Þ K V I
I Þ Ð E E G I F C Z L U D D W H
P S R A P V U X E U W A J A Ð O
P G U L R Ó T W Í R E L L E S K
E E K J N T A D H D F T R N Z E
V G U Y H Q L P R U G T N Y U D
S G A T Ó M A T L T Z O H Æ Y J
A A L N U C S Þ I A S L O B P B
V L T T M Y D G X N U A E A Z A
C D Í Q K Q B V M Í K K F P O W
X I V G W K J O O P R S U M R S
B N H U N P C J W S Ú K R R Y F
S P E R G I L K Á L G K Y E M I
```

HVÍTLAUKUR   KARTÖFLU
SPERGILKÁL   PEA
ARTIHOKE   TÓMAT
GULRÓT   NÆPA
GÚRKU   RÆÐJA
LAUKUR   SKALOTTLAUKUR
SVEPPIR   SELLERÍ
SALAT   SPÍNAT
EGGALDIN   ENGIFER

41 - Barbecue

```
H  R  Ð  Þ  Þ  T  H  N  Í  F  A  S  Ó  S  H  V
F  U  T  Ó  M  A  T  A  R  P  M  Y  R  Y  Á  O
J  T  N  O  A  F  A  B  D  Q  P  D  Z  I  D  W
Ö  A  A  G  L  A  U  K  O  N  K  Ð  V  A  E  F
L  M  V  L  U  J  A  F  X  Ð  Y  H  V  M  G  Y
S  D  N  X  F  R  B  T  S  R  M  R  A  P  I  P
K  L  Ð  A  N  T  A  H  Q  V  E  U  H  Y  S  I
Y  Ö  G  R  I  L  L  M  B  P  R  G  W  R  V  R
L  V  G  L  U  O  Þ  I  U  C  E  N  X  X  E  J
D  K  Ð  G  W  F  N  U  V  S  M  I  X  E  R  O
A  M  U  M  L  N  T  X  Z  Y  T  L  A  S  Ð  Q
I  Q  Y  A  F  F  Ö  W  D  Y  T  K  L  J  U  Ð
C  Y  R  T  S  I  L  N  Ó  T  I  Ú  O  I  R  X
U  H  Y  U  I  I  A  G  J  B  E  J  Þ  N  V  Ð
G  J  Q  R  Þ  Q  S  B  A  P  H  K  C  A  P  Þ
I  L  K  Á  V  Ö  X  T  U  R  L  E  I  K  I  R
```

HEITT	GRILL
KVÖLDMATUR	SALÖT
MATUR	BOÐ
LAUK	TÓNLIST
HNÍFA	PIPAR
SUMAR	KJÚKLINGUR
HUNGUR	TÓMATAR
FJÖLSKYLDA	HÁDEGISVERÐUR
ÁVÖXTUR	SALT
LEIKIR	SÓSA

42 - Insetti

```
G G E I T U N G U R Y Ð D F L I
R F Þ M A U R U M R O A V R I L
A L L P D Q U S Þ R Y X J Í B G
S U I E A Q T Ú K X T O P P J Y
K G W O C C T L P I Þ Z V U D E
Ú A D U I M E U U D N W S R R K
L N M Ð C A R T A L J Ð G V A O
A O T N L N P N E I V K O Y G J
Q R W F Z T S Ö T R B I Ð M O U
W C M D Z I I L F Ð M O L M N Z
E M B I H S G P Q I L I X L F A
E O I W O V N M T F S H T R L G
T M V T R H E X Q O P F L E Y E
A Ð Ö T N J Y Þ N Y A L L A J B
R F Q L E L W I O Q Q M R Ó O T
H D X O T K A K K A L A K K I A
```

PLÖNTULÚS	LIRVA
BÍ	DRAGONFLY
HORNET	ENGISPRETTUR
GRASKÚLA	MANTIS
CICADA	FLÓ
FRÍPUR	KAKKALAKKI
BJALLA	TERMITE
MÖL	ORMUR
FIÐRILDI	GEITUNGUR
MAUR	FLUGA

43 - Fisica

```
Ð  W  I  X  G  S  C  L  X  V  M  B  F  R  Z  N
P  Z  X  N  C  B  E  T  W  M  D  W  O  O  M  C
A  L  H  L  I  Ð  A  G  I  G  R  T  R  Ð  T  J
S  U  E  F  N  I  Ð  B  U  P  S  X  M  A  H  S
T  E  K  Z  F  F  M  O  Y  L  J  Z  Ú  Z  R  Þ
Æ  F  P  R  A  F  E  I  N  D  M  Þ  L  L  Ö  É
K  H  N  U  O  C  L  K  G  S  Ó  A  A  F  Ð  T
K  O  Z  B  O  N  N  L  Ö  P  T  M  G  V  U  T
U  H  R  A  Ð  A  R  S  Z  P  A  L  O  N  N  L
N  G  A  Z  F  L  F  A  R  A  D  G  N  Y  Þ  E
S  A  M  E  I  N  D  G  J  E  K  Q  R  Q  H  I
D  F  O  K  N  N  O  Z  A  K  P  V  F  N  P  K
V  C  Y  U  Ð  I  L  Y  Z  S  N  P  I  V  U  I
É  Y  A  Q  Í  V  É  L  F  R  Æ  Ð  I  C  B  E
L  B  Þ  R  T  A  F  S  T  Æ  Ð  I  E  E  S  Þ
Y  J  T  S  Ð  F  X  U  X  H  H  V  A  Y  A  R
```

HRÖÐUN
ATÓM
ROÐA
EFNI
ÞÉTTLEIKI
RAFEIND
STÆKKUN
FORMÚLA
TÍÐNI
GAS

ÞYNGDARAFL
SEGULMAGN
VÉLFRÆÐI
SAMEIND
VÉL
KJARNORKU
ÖGN
AFSTÆÐI
ALHLIÐA
HRAÐA

44 - Agronomia

```
S A F R H M S H O L U X M F O R
V B U J Z E J I R A I Z J V U A
E H C E D N Ú E K N P F S E P N
I U L A N G K T A D Q V H A A N
T F Þ V X U D P L B B I D K D S
J E R K G N Ó Ð S Ú N S N Á M Ó
C L U E V C M K Ð N X T A H Þ K
Q A T N V B A J I A A F A I B N
N U A P W H A U E Ð Y R N V Y I
V J M Ð H K M T L U Æ R F E R
U O N E B G Z U M R Q Ð Z R L U
G Z T O M S T L A C U I A G C Ð
V Í S I N D I F R E K T H P L R
X R K E O K I H F U L Q X D H U
J A R Ð V E G U R I P I E Ö L B
L Í F R Æ N T I U U O D C W V Á
```

VATN
LANDBÚNAÐUR
UMHVERFI
MATUR
VÖXTUR
VISTFRÆÐI
ORKA
ROF
ÁBURÐUR
MENGUN

SJÚKDÓMA
LÍFRÆNT
FRAMLEIÐSLA
RANNSÓKNIR
SVEIT
VÍSINDI
FRÆ
KERFI
NÁM
JARÐVEGUR

45 - Erboristeria

```
K  B  D  G  I  E  K  U  T  V  H  J  M  U  J  L
X  K  R  H  Y  G  I  C  I  N  D  B  Y  N  X  O
Q  C  S  G  G  X  P  Y  M  H  I  R  N  Y  A  F
M  O  D  A  R  Y  S  E  J  D  V  I  T  O  K  N
Ð  P  A  P  Æ  D  F  Z  A  E  F  D  U  M  J  A
H  Ð  L  K  N  S  G  L  N  I  X  N  I  U  O  R
I  L  R  E  T  T  Þ  Y  Y  M  G  A  N  L  Z  B
S  T  E  I  N  S  E  L  J  A  H  M  F  S  L  L
B  Þ  O  Ð  O  N  A  G  E  R  O  L  E  Ð  I  Ó
L  K  Þ  Æ  G  Í  E  T  X  O  G  I  Z  I  S  M
Ó  K  Þ  G  A  R  I  F  Þ  J  Q  W  K  E  A  M
M  R  U  Ð  R  A  G  N  N  R  K  Q  O  R  B  M
T  V  R  B  T  M  U  R  Z  A  X  I  H  T  M  J
U  H  A  G  S  S  W  U  Z  M  G  Q  R  A  Þ  A
U  N  R  M  E  Ó  S  A  F  F  R  A  N  M  D  H
D  I  Y  E  Y  R  H  V  Í  T  L  A  U  K  U  R
```

HVÍTLAUKUR	LOFNARBLÓM
DILL	MARJORAM
ILMANDI	MYNTU
BASIL	OREGANO
MATREIÐSLU	STEINSELJA
ESTRAGON	GÆÐI
FENNEL	RÓSMARÍN
BLÓM	TIMJAN
GARÐUR	GRÆNT
EFNI	SAFFRAN

46 - Biologia

```
F  L  Þ  D  R  Y  Z  Y  S  Q  U  S  B  O  A  E
Z  S  J  H  T  V  B  X  P  L  C  K  N  I  M  C
S  T  O  Ó  D  A  K  I  E  V  M  R  B  Ð  U  U
O  Ö  W  T  S  L  C  W  N  Ð  P  I  Ð  Æ  R  F
D  K  R  G  B  T  G  Þ  D  J  A  Ð  Q  R  F  S
H  K  A  E  Y  R  I  Q  Ý  Ð  H  D  E  F  A  Y
O  B  J  L  B  J  F  L  R  R  U  Ý  Ð  A  G  N
R  R  C  U  O  L  C  J  L  U  Z  R  T  R  U  A
M  E  K  R  S  G  I  Q  A  Í  R  A  S  Æ  A  P
Ó  Y  O  Ú  M  Í  S  N  E  R  F  M  K  F  T  S
N  T  L  T  Ó  I  O  M  E  E  B  U  Y  F  N  E
Í  I  L  T  S  H  O  S  W  T  D  R  N  Í  L  T
T  N  A  Á  U  T  D  P  Þ  K  F  F  U  L  Ð  A
Ó  G  G  N  I  N  T  I  L  A  F  H  Ó  Y  G  U
R  C  E  A  B  V  B  C  H  B  Ð  Z  R  D  K  G
P  E  N  S  A  M  B  Ý  L  I  G  X  Þ  D  S  R
```

LÍFFÆRAFRÆÐI	STÖKKBREYTING
BAKTERÍUR	NÁTTÚRULEGT
FRUMA	TAUG
KOLLAGEN	TAUGAFRUMA
LITNING	HORMÓN
FRÆÐI	OSMÓSU
ENSÍM	PRÓTÍN
ÞRÓUN	SKRIÐDÝR
LJÓSTILLÍFUN	SAMBÝLI
SPENDÝR	SYNAPSE

47 - Attività Commerciale

```
A V O K K F S H A G N A Ð U R D
F R O C G E K F Y R I R T Æ K I
O J V B Q R A G N I N E P K D L
T V Á R F I T P C T T E K J U R
S A Þ R Þ L T K L P R Y W X P B
F R Ð I M R A K T I A G W A E D
I N Y V Ð Á R T O K J T H F Y Y
R I E L Ú Æ L X F S G S O G C A
K N I G B S R Ð R Ð T K Ð W S Y
S G Y Y L T B F J I R N C L Ö S
W I K D V M L T G V W U A G L P
V I N N U V E I T A N D I Ð U L
A F S L Á T T U R Z H M R V U A
S T A R F S M A Ð U R Y Q R Þ R
F J Á R F E S T I N G N K K Q D
V E R K S M I Ð J U R T Z Z X A
```

FERIL
KOSTNAÐUR
VINNUVEITANDI
STARFSMAÐUR
HAGFRÆÐI
VERKSMIÐJU
FJÁRMÁL
FJÁRFESTING
VARNINGI
BÚÐ

HAGNAÐUR
TEKJUR
AFSLÁTTUR
FYRIRTÆKI
PENINGAR
SKATTAR
VIÐSKIPTI
SKRIFSTOFA
MYNT
SÖLU

48 - Fiori

```
T V X S L X T Á S M X Y S K T P
Q Þ Z H X Þ D S Ó M A Þ U R Ú E
J A S M I N E T R V Á X C Ó L O
A C Þ A Q Z Ð R H H K R S N I N
U W V A X K Z Í R Þ U Q I U P Y
Z H P P U X A Ð V R L M B B A S
O S D Q K K T U U Ö X Q I L N I
L L I F Í F W B D S N A H A B A
P I P O P P Y L W K M D Z Ð U D
L O L S T Z M Ó T W Ó A S I Y A
U R K Y Z E C M O Þ L O D Y M P
M C V B D Q P W G L B Q H Q F Þ
E H A S I T O R A I L O N G A M
R I L Y F R U E P W Ó U G Þ S E
I D M Þ Ð Y P Þ R P S L Í L A Z
A L O F N A R B L Ó M O G F F F
```

FÍFILL	VÖND
TOGA	ORCHID
JASMINE	POPPY
LILY	ÁSTRÍÐUBLÓM
SÓLBLÓM	PEONY
HIBISCUS	KRÓNUBLAÐ
LOFNARBLÓM	PLUMERIA
LÍLA	RÓS
MAGNOLIA	SMÁRI
DAISY	TÚLIPAN

49 - Filantropia

```
Z  A  K  Þ  Ð  P  N  H  O  N  T  H  S  Þ  A  Ð
D  Ð  O  Y  I  B  T  Þ  Y  N  Ð  E  A  Ö  L  Q
X  O  P  I  N  B  E  R  N  R  Ð  I  M  R  Þ  O
B  M  B  I  Y  R  G  T  T  F  Q  Ð  F  F  J  V
E  T  D  H  K  M  Ö  V  E  Q  E  A  É  S  Ó  E
Q  H  O  K  N  K  A  B  N  L  L  R  L  A  Ð  R
R  G  I  D  N  W  U  A  G  A  S  L  A  D  L  K
E  F  D  M  A  K  P  J  I  U  Á  E  G  Q  E  E
Æ  S  K  U  M  Ð  G  Þ  L  M  S  I  A  T  G  F
K  E  Y  M  Ö  Ð  P  D  I  A  K  K  P  U  T  N
F  L  Á  M  R  Á  J  F  Ð  R  O  I  R  J  G  I
Ð  Ó  K  R  L  X  C  Ð  I  K  R  É  X  Z  I  M
D  W  L  E  Æ  J  N  T  J  M  A  F  E  G  X  Þ
O  J  R  K  T  W  T  S  R  I  N  P  P  W  Z  U
V  M  N  Y  I  D  K  L  I  Ð  I  M  Ó  A  C  E
F  O  R  R  I  T  N  B  C  U  R  V  I  H  L  Ð
```

BÖRN	HÓPA
ÞÖRF	VERKEFNI
SAMFÉLAG	MARKMIÐ
TENGILIÐI	HEIÐARLEIKI
GEFA	FÓLK
FJÁRMÁL	FORRIT
FÉ	OPINBER
ÖRLÆTI	ÁSKORANIR
ÆSKU	SAGA
ALÞJÓÐLEGT	MANNKYNIÐ

50 - Discipline Scientifiche

```
T  Ó  G  F  V  H  A  Þ  F  G  D  F  L  H  S  V
A  G  N  C  É  É  Þ  L  F  F  P  M  Í  X  T  E
U  R  I  Æ  Þ  L  L  T  B  F  U  V  F  I  J  Ð
G  A  R  K  M  Þ  A  F  D  M  T  N  F  Ð  Ö  U
A  S  Æ  Q  Þ  I  Y  G  R  Z  U  A  R  Æ  R  R
F  A  N  W  R  Ð  S  J  S  Æ  M  X  Æ  R  N  F
R  F  P  M  W  Æ  P  F  A  F  Ð  A  Ð  F  U  R
Æ  R  X  B  H  R  Þ  P  R  O  R  I  I  A  F  Æ
Ð  Æ  V  A  C  F  T  H  T  Æ  V  Æ  I  D  R  Ð
I  Ð  Æ  R  F  A  N  F  E  J  Ð  N  Ð  N  Æ  I
J  I  S  S  K  N  K  L  I  M  Þ  I  Æ  I  Ð  A
U  I  Ð  Æ  R  F  A  M  R  A  V  E  R  E  I  E
I  Ð  F  A  X  E  H  Y  U  O  D  J  F  T  W  Y
F  I  Ð  Æ  R  F  Ð  R  A  J  B  K  L  S  G  Q
I  D  N  I  S  Í  V  L  Á  M  T  N  Á  P  D  Q
S  G  N  O  O  L  I  Ð  Æ  R  F  T  S  I  V  H
```

STJÖRNUFRÆÐI	VÉLFRÆÐI
LÍFEFNAFRÆÐI	VEÐURFRÆÐI
LÍFFRÆÐI	STEINDAFRÆÐI
GRASAFRÆÐI	TAUGAFRÆÐI
EFNAFRÆÐI	NÆRING
VISTFRÆÐI	SÁLFRÆÐI
JARÐFRÆÐI	FÉLAGSFRÆÐI
ÓNÆMISFRÆÐI	VARMAFRÆÐI
MÁLVÍSINDI	

51 - Acqua

```
D R B N J P L L Í B O T F G U Þ
R R I S Y E G U A S P Y E U Ð O
I U Y I Þ H L M U K Ö R L F J Y
U K I K A R M U B B E E L U V T
B Í X M K Ó F K J R L V I A Y H
Þ S K O K J E B Y F M I B O I B
Ö S T N U A G G Y U R Y A C Z
L I T S H S Z R J Z Ð G L M N A
D Þ S Ú E P H R H Ð Ó X U O Z H
U Z G N I N G I R Æ L W R H Ð F
R V Y F L Q Z P N U F U G P P U
D P Q P M L U R V U Þ T S O R F
Á V E I T U V V C W N R D H A B
L Q Y I J V P Y W Z P U U A M Þ
O Q Z S H Q A N C H E T T F M Ð
O R H J J K S O C U P S P F W F
```

FLÓÐ	MONSÚN
SÍKUR	SNJÓR
STURTU	HAF
UPPGUFUN	ÖLDUR
RIVER	RIGNING
FROST	DRYKKJARHÆFT
GEYSIR	RAKI
ÍS	RÖKUM
ÁVEITU	FELLIBYLUR
LAKE	GUFU

52 - Imbarcazioni

```
D N B F I Ð Y S K P G T V F A Ð
X Ð Q W Þ K A J A K G J P J B U
B J L S O Y V Ó N S N M L Ö I W
A A J J V S É I Ó E O Ö C R L R
M Z U Ó S L C P R G L Þ U K M
H N V M P L G N J I P D K G N P
Z M Z A A K K E R I E U Y Ð D Y
W F P N U M U Ð I K S R E V I R
W S Q N H Ð K F O E E U A G S W
T G T A H G J A V L G Ð R C S A
R A L D Þ D M A C F L A A K A T
U J K Q G A G H F I B M B L H H
T S N E K K J U A S Á Ó A R N E
S T Ö Ð U V A T N F T J Ð W I Z
A J R E F Y K Þ P Q U S E Q J Y
M U I J Z Á H Ö F N R N H A Þ P
```

MASTUR
AKKERI
SEGLBÁTUR
BAU
KANÓ
REIPI
ÁHÖFN
RIVER
KAJAK
STÖÐUVATN

SJÓ
FJÖRU
SJÓMAÐUR
VÉL
SJÓMANNA
HAF
ÖLDUR
FERJA
SNEKKJU
FLEKI

53 - Chimica

```
K  A  Ð  Y  Q  Þ  E  J  T  S  C  U  V  J  R  N
O  W  Ð  G  D  Z  R  A  H  Ú  S  C  Q  X  Ó  T
L  J  Ð  Z  X  O  K  K  E  R  Þ  N  F  L  L  N
E  J  Y  Q  L  X  Þ  Y  D  E  K  J  Y  W  K  Æ
F  K  C  R  H  U  Ð  Þ  D  F  M  B  P  S  M  R
N  M  H  B  L  U  K  R  O  N  R  A  J  K  P  F
I  D  N  A  T  Ó  J  L  F  I  D  B  Y  V  J  Í
H  T  O  G  L  U  N  I  F  R  E  K  U  T  O  L
Þ  Ð  D  Þ  A  V  F  V  Þ  Q  V  P  P  D  D  J
K  S  C  H  S  N  S  E  X  S  V  W  D  B  O  M
R  F  M  P  T  X  Þ  Z  N  A  E  W  I  F  O  E
Þ  F  Í  S  Þ  O  V  Z  E  G  T  M  C  Þ  L  B
S  Y  S  S  A  M  E  I  N  D  N  I  T  A  V  H
Ý  F  N  I  M  H  L  Ð  J  C  I  F  H  F  J  S
R  E  E  G  I  T  S  A  T  I  H  S  C  Þ  D  Ú
A  I  T  D  D  T  U  O  R  A  F  E  I  N  D  R
```

SÝRA	VETNI
SÚR	JÓN
LOTUKERFINU	FLJÓTANDI
HITA	SAMEIND
KOLEFNI	KJARNORKU
HVATI	LÍFRÆNT
KLÓR	SÚREFNI
RAFEIND	ÞYNGD
ENSÍM	SALT
GAS	HITASTIG

54 - Api

```
V  S  F  G  W  B  G  Á  Q  C  E  S  D  U  W  R
I  D  R  Z  A  K  I  S  V  V  C  Z  P  P  K  E
S  U  J  U  V  G  T  W  B  Ö  Z  L  Þ  J  P  Z
T  M  Ó  L  B  C  N  X  F  V  X  M  S  U  I  B
K  B  K  I  V  K  Y  L  T  I  G  T  R  C  F  Ú
E  L  O  X  Ú  O  Y  D  E  G  Q  O  U  O  J  S
R  Ó  R  I  B  H  W  Ð  C  G  K  G  K  R  Ö  V
F  M  N  G  A  R  Ð  U  R  N  P  U  Y  U  L  Æ
I  S  D  N  N  S  Ó  L  U  I  E  T  E  T  B  Ð
S  T  A  Æ  G  A  K  N  T  N  U  E  R  N  R  I
K  R  X  V  U  N  T  A  T  I  R  Þ  Ö  E  D
O  A  Y  A  L  D  A  U  M  T  R  Z  M  L  Y  I
R  T  E  X  F  Q  N  D  H  O  Q  H  N  P  T  J
D  W  W  H  Ý  N  X  C  Ð  R  B  P  N  J  N  Y
Ý  Q  P  Þ  B  Þ  P  S  F  D  H  O  S  P  I  J
R  M  K  X  M  W  P  Þ  W  P  M  Ð  K  F  G  Y
```

VÆNGI
BÝFLUGNABÚ
GAGNLEG
VAX
MATUR
FJÖLBREYTNI
VISTKERFI
BLÓM
BLÓMSTRA
ÁVÖXTUR

REYKUR
GARÐUR
BÚSVÆÐI
SKORDÝR
HUNANG
PLÖNTUR
FRJÓKORN
DROTTNING
KVIK
SÓL

55 - Strumenti Musicali

```
M V C Ð O K A D Z B P O T X L B
J U F B Z G U Ð H Á Í F T H H U
U L N Ó F Ó X A S S A M M O R T
W Ð Y N U J D P E Ú N F B Y J K
S I C H H G W R Z N Ó L L E S Y
L F R Z Þ Ö A A Ð A H T I C E P
K C M S F S R H M N M W M T R S
R L R L C I Þ P R C A C P T O C
E G A F T Ð M O U G N O G Ð Ð B
V H B R C M Þ Z B Í D T Q N O V
G T M F I E Z S M T Ó J N A B F
A O I H A N U T U A L F M D T V
L U R S I G E L B R Í W V Ó B Ó
S A A K O K O T K W N E I T K K
I G M Z P Q N T T E P M O R T U
G G T L D W D X T R B B H A J I
```

MUNNHÖRPU

HARPA

BANJÓ

GÍTAR

KLARINETT

FAGOTT

FLAUTU

GONG

MANDÓLÍN

MARIMBA

ÓBÓ

SLAGVERK

PÍANÓ

SAXÓFÓN

BUMBUR

TROMMA

TROMPET

BÁSÚNA

FIÐLU

SELLÓ

56 - Professioni #2

```
O  I  D  N  A  F  E  G  T  Ú  T  E  J  R  A  L
L  R  I  N  K  Æ  L  Ð  R  U  K  S  N  C  D  Æ
Í  E  H  Z  Ð  H  P  U  K  M  L  E  P  X  V  K
F  I  D  N  Ó  B  A  T  G  E  Á  X  P  V  A  N
F  N  D  V  P  Ð  J  G  N  M  N  L  O  Z  Q  I
R  K  T  E  I  K  N  A  R  I  A  N  A  L  X  L
Æ  A  G  E  I  M  F  A  R  I  I  Ð  A  R  E  Z
Ð  S  R  A  N  N  S  Ó  K  N  I  R  U  R  I  Ð
I  P  R  A  N  N  S  A  K  A  N  D  A  R  I  P
N  Æ  V  E  R  K  F  R  Æ  Ð  I  N  G  U  R  Q
G  J  Þ  E  F  N  A  F  R  Æ  Ð  I  N  G  U  R
U  A  R  L  R  T  T  A  N  N  L  Æ  K  N  I  P
R  R  U  G  N  I  K  E  P  S  M  I  E  H  T  T
F  A  L  J  Ó  S  M  Y  N  D  A  R  I  K  F  W
B  L  A  Ð  A  M  A  Ð  U  R  S  E  Q  U  Ð  D
D  Ý  R  A  F  R  Æ  Ð  I  N  G  U  R  U  T  C
```

BÓNDI   BLAÐAMAÐUR
GEIMFARI   TEIKNARI
LÍFFRÆÐINGUR   VERKFRÆÐINGUR
EFNAFRÆÐINGUR   KENNARI
SKURÐLÆKNIR   RANNSAKANDA
TANNLÆKNI   LÆKNI
EINKASPÆJARA   FLUGMAÐUR
ÚTGEFANDI   MÁLARI
HEIMSPEKINGUR   RANNSÓKNIR
LJÓSMYNDARI   DÝRAFRÆÐINGUR

57 - Letteratura

```
T  A  K  T  U  R  U  H  Q  P  S  Ð  N  U  X  Ð
P  G  I  A  Ð  T  A  A  Ö  S  P  J  Á  M  K  W
N  A  G  K  Æ  L  J  Ó  Ð  F  L  J  L  I  G  L
I  S  N  Æ  R  Ð  Ó  J  L  P  U  G  I  W  N  R
A  D  I  E  M  C  L  X  I  A  J  N  T  Y  Y  U
V  L  K  O  U  B  Z  Y  W  L  P  I  D  N  M  Ð
T  Á  Í  X  A  S  T  Í  L  K  Þ  N  D  U  Í  R
E  K  L  B  R  T  J  T  U  K  B  I  Y  B  R  U
G  S  D  C  A  M  E  Þ  V  C  H  E  B  F  U  B
U  Q  N  K  G  G  A  Ð  A  T  S  R  U  Ð  I  N
N  L  Y  E  N  K  A  A  Þ  Ð  S  G  Y  V  M  A
D  G  M  R  I  L  Ý  S  I  N  G  C  N  U  E  M
H  B  F  X  K  R  U  S  I  O  D  I  C  Z  P  A
G  Þ  V  L  Í  Q  N  Y  M  V  E  S  D  W  Þ  S
V  K  H  V  L  F  V  X  J  Z  Æ  V  V  O  X  L
H  A  R  M  L  E  I  K  U  R  I  G  F  J  C  A
```

GREINING	MYNDLÍKING
LÍKINGAR	ÁLIT
E.	LJÓÐ
HÖFUNDUR	LJÓÐRÆN
ÆVISAGA	RÍM
NIÐURSTAÐA	TAKTUR
SAMANBURÐUR	SKÁLDSAGA
LÝSING	STÍL
UMRÆÐU	ÞEMA
TEGUND	HARMLEIKUR

58 - Cibo #2

```
S  F  Ð  L  U  O  Í  V  Í  K  Z  B  H  E  V  G
I  Ú  I  G  Þ  G  H  M  R  J  M  G  R  O  Í  A
A  P  K  S  G  D  C  M  E  Ú  Z  B  Í  Þ  N  D
Þ  J  O  K  K  N  C  D  L  K  Y  Z  S  K  B  F
Y  O  V  Þ  U  U  Þ  G  L  L  K  X  G  H  E  F
T  Ó  M  A  T  L  R  Q  E  I  R  K  R  V  R  E
J  Ó  G  Ú  R  T  A  M  S  N  E  Ð  J  E  U  G
S  V  E  P  P  I  R  Ð  L  G  B  U  Ó  I  T  G
E  G  G  A  L  D  I  N  I  U  U  A  N  T  S  W
Z  D  Q  X  U  J  O  T  I  R  S  R  N  I  O  C
E  P  L  I  O  O  B  G  P  Z  R  B  O  A  H  H
S  P  E  R  G  I  L  K  Á  L  I  K  P  S  N  F
S  K  I  N  K  A  X  P  A  Ð  K  K  O  E  I
E  Þ  C  T  H  L  B  E  Q  C  H  Þ  N  W  W  O
G  N  F  K  Þ  Z  H  J  S  B  R  K  A  Z  F  R
J  G  D  R  Q  M  Ð  S  V  I  L  Ð  A  Þ  L  C
```

BANANI	BRAUÐ
SPERGILKÁL	FISKUR
KIRSUBER	KJÚKLINGUR
SÚKKULAÐI	TÓMAT
OSTUR	SKINKA
SVEPPIR	HRÍSGRJÓN
HVEITI	SELLERÍ
KÍVÍ	EGG
EPLI	VÍNBER
EGGALDIN	JÓGÚRT

59 - Nutrizione

```
Þ  Y  O  W  A  H  F  U  E  D  Y  D  J  H  M  V
B  J  Ð  J  F  N  G  N  I  T  L  E  M  I  A  Í
B  I  T  U  R  X  O  F  T  G  B  I  S  T  T  T
Þ  C  V  C  H  S  Ð  N  U  U  U  Ð  Y  A  A  A
Y  S  V  I  Q  A  M  V  R  U  T  Æ  M  E  R  M
N  Q  Ð  P  G  Q  N  I  E  T  Ó  R  P  I  L  Í
G  U  Ð  S  N  Æ  E  K  F  X  A  A  Y  N  Y  N
D  A  J  T  X  E  Ð  R  N  A  G  T  K  I  S  R
Ð  N  T  R  D  X  Y  I  I  N  B  A  O  N  T  Ó
A  Ð  N  Þ  E  S  Ó  S  A  C  S  M  L  G  O  L
V  Ð  U  L  B  G  H  E  I  L  S  A  V  A  W  E
K  Þ  M  J  K  K  A  A  I  Ð  Ð  T  E  R  Þ  G
Ö  R  U  Ð  G  I  R  B  L  I  E  H  T  X  Z  U
V  X  Y  B  J  Þ  X  X  A  R  Þ  Q  N  T  M  R
Z  X  O  D  I  N  F  E  R  A  G  N  I  R  Æ  N
I  G  E  G  D  K  G  N  V  V  I  K  L  G  Q  S
```

BITUR
MATARLYST
RÓLEGUR
HITAEININGAR
KOLVETNI
ÆTUR
MATARÆÐI
MELTING
GERJUN
VÖKVA

NÆRINGAREFNI
ÞYNGD
PRÓTEIN
GÆÐI
SÓSA
HEILSA
HEILBRIGÐUR
KRYDD
EITUREFNI
VÍTAMÍN

60 - Matematica

```
H  J  Á  L  Í  Ð  A  L  O  G  R  A  M  J  J  Q
Ð  W  R  E  N  G  G  Z  A  Ð  I  L  H  M  A  S
K  Ð  I  I  U  N  W  K  X  P  Á  C  F  Ð  Þ
C  E  S  W  Y  G  I  Ð  Æ  R  F  M  Ú  R  A  R
I  S  Í  Z  G  B  N  I  E  U  V  M  N  U  R  Í
D  Z  V  F  L  R  R  Z  X  G  T  U  O  G  L  H
N  E  S  V  G  O  Y  R  J  N  R  O  H  N  O  Y
I  Þ  I  S  O  T  H  N  F  I  A  P  Y  I  S  R
B  E  D  L  O  O  G  Ð  A  N  E  P  D  N  M  N
A  U  L  L  D  F  R  R  T  R  J  K  I  R  Z  I
M  R  E  Z  Ð  F  A  Q  S  Y  T  A  E  E  F  N
M  E  V  J  Þ  B  M  X  A  H  V  Ö  F  F  N  G
U  H  Þ  F  D  F  U  C  K  T  P  P  L  N  L  U
S  A  M  H  V  E  R  F  U  T  S  E  K  U  A  R
M  V  D  N  P  F  L  P  A  É  N  I  I  P  R  N
P  D  Y  G  G  C  Þ  V  E  R  M  Á  L  D  T  J
```

HORN
TÖLUR
UMMÁL
AUKASTAF
ÞVERMÁL
DEILD
JAFNA
VELDISVÍSIR
BROT
RÚMFRÆÐI

SAMHLIÐA
HJÁLÍÐALOGRAM
JAÐAR
MARGHYRNING
FERNINGUR
RÉTTHYRNINGUR
SAMHVERFU
SUMMA
ÞRÍHYRNINGUR
BINDI

61 - Meditazione

```
F  S  K  N  U  M  S  S  K  Q  I  O  A  S  H  D
Ð  R  A  P  D  D  E  A  Ð  E  C  K  T  K  A  Z
M  X  I  M  B  F  E  M  Z  D  K  A  H  Ý  M  I
A  K  U  Ð  T  W  P  Þ  S  H  J  N  Y  R  I  N
Q  G  R  Ú  U  Ö  C  Y  T  U  L  D  G  L  N  G
D  U  I  M  T  R  K  K  S  G  F  L  L  E  G  Ö
I  S  G  A  Ð  H  C  K  I  A  B  E  I  I  J  Þ
D  L  A  S  M  Z  V  I  L  L  F  G  B  K  A  A
Z  L  A  H  U  G  S  A  N  I  R  T  F  I  Þ  K
B  W  K  D  L  I  V  Ð  Ó  G  M  O  O  Ð  D  K
A  T  H  U  G  U  N  Q  T  T  O  Þ  S  F  Q  L
Z  Y  B  C  Ð  X  L  N  T  C  W  L  L  G  T  Æ
N  Á  T  T  Ú  R  A  N  U  D  N  Ö  B  S  K  T
S  J  Ó  N  A  R  H  O  R  N  I  Þ  L  W  A  I
T  I  L  F  I  N  N  I  N  G  A  R  G  H  Q  U
R  L  Z  Y  K  U  S  E  U  P  T  T  F  I  X  T
```

SAMÞYKKI	HUGA
ATHYGLI	SAMTÖK
LOGN	TÓNLIST
SKÝRLEIKI	NÁTTÚRAN
SAMÚÐ	ATHUGUN
TILFINNINGAR	FRIÐUR
HAMINGJA	HUGSANIR
GÓÐVILD	SJÓNARHORNI
ÞAKKLÆTI	ÖNDUN
ANDLEGT	ÞÖGN

62 - Elettricità

```
B D X P B S P U T J R U Ð M M I
G Ú V Y M W C W W S Á Z V O Í Q
E Q N M Þ B E J Þ P R K N S N A
Y N O A G N U T S N N I V L U K
M E P D Ð W I L D S T T S Æ S T
S T W R U U R E P Í N U J R T O
L Q D A S O R C X M G L Ó E Q T
A L H F L Þ H L F I Z H N C K R
K A Ð A L H F A R M O Ð V I V W
Ð M S L U Þ N B N T N W A O F F
P P H L G M A G N Z W O R O I J
R I S Y E L F Z B T E X P L V Þ
Z Í U H S N G A M F A R S X U M
X N V K J L Ð Y C E K A B E L T
H F N H V S Z B R A F V I R K I
A A P L X W U T H Z N Ð T X O Y
```

BÚNAÐUR
RAFHLAÐA
KABEL
GEYMSLA
RAFVIRKI
RAFMAGNS
VÍR
RAFALL
LAMPI
PERU

LEYSIR
SEGULL
MÍNUS
HLUTI
JÁKVÆTT
INNSTUNGA
MAGN
NET
SÍMI
SJÓNVARP

63 - Antiquariato

```
J  R  L  C  P  M  T  F  G  K  J  U  G  W  Q  D
J  B  Í  B  L  I  S  T  G  A  L  L  E  R  Í  U
P  A  T  Z  T  U  N  S  I  E  R  R  U  D  N  E
F  G  S  K  R  E  Y  T  I  N  G  A  R  N  F  K
R  F  Æ  E  S  E  V  P  O  Z  S  E  V  A  Á  T
F  R  Þ  Ð  R  E  V  A  X  J  T  I  P  T  R  A
R  H  G  N  I  T  S  E  F  R  Á  J  F  S  A  E
B  X  W  T  G  E  L  U  J  N  E  V  Ó  Á  T  V
K  Ð  Q  N  Ð  Ö  L  D  U  P  P  B  O  Ð  U  H
I  P  R  Y  V  J  G  U  Q  Y  V  X  N  W  G  Ö
Z  Q  Þ  M  R  G  W  S  V  N  W  I  H  Y  I  G
G  A  M  A  L  L  Z  Z  Ú  Ð  Z  Þ  R  S  R  G
P  P  Þ  G  R  W  Z  Z  Þ  H  R  T  A  Ð  Y  M
G  L  Æ  S  I  L  E  G  U  R  J  L  N  H  I  Y
D  V  Þ  M  I  K  R  W  X  S  Þ  R  B  J  Q  N
H  L  N  S  T  D  O  B  K  G  J  Q  W  F  X  D
```

LIST
UPPBOÐ
EKTA
ÁSTAND
ÁRATUGI
SKREYTINGAR
GLÆSILEGUR
GALLERÍ
ÓVENJULEGT
FJÁRFESTING

HÚSGÖGN
MYNT
VERÐ
GÆÐI
ENDURREISN
HÖGGMYND
ÖLD
STÍL
VIRÐI
GAMALL

64 - Escursionismo

```
B M E V Þ Z O B H S V I N V U I
V J Þ R E Y T T U R A E K E N F
S N A R Ú T T Á N Ý T D Ð Ð D F
V M Ð R E U C K W D N N S U I Z
I Z Æ A G X C C Y Y A N N R R B
L B J N S T Í G V É L E U F B X
L S T I O F Ð T E X T M K A Ú E
T A Ú E V D J G A R Ð U R R N F
F Q P T L Z X A V Þ K G Ö U I U
V E O S H F N Ð L D H Ö M V N N
M Q U W D M N V B L P S U O G D
Þ F S G E S Q T M U B Ð N A U I
I U F J D Ó S S O P P I F Q R N
C C N Z I L B A Þ I U E E F V U
W H O G M X Ð R Þ Z Q L T X U M
Þ A J M T K O R T L Z C S M A R
```

VATN	ÞUNGT
DÝR	STEINAR
ÚTJÆÐA	UNDIRBÚNINGUR
VEÐURFAR	BJARG
LEIÐSÖGUMENN	VILLT
KORT	SÓL
FJALL	ÞREYTTUR
NÁTTÚRAN	STÍGVÉL
STEFNUMÖRKUN	FUNDINUM
GARÐUR	

65 - Professioni #1

```
P S L Þ L I S T A M A Ð U R D B
Í Á F Æ J D Ý R A L Æ K N I R A
A L R E K Á C T R B M D N H I N
N F A F L N L X P Ð Ð O I I O K
Ó R N L Q X I F S Ð M Ð N D Þ A
L Æ J W F J P R A I Ð P B N B S
E Ð R U G N I Ð Æ R F Ð R A J T
I I S J Ó M A Ð U R I H R Ð P J
K N M X A O H E R D K K I O L Ó
A G L Ö G M A Ð U R R H T K X R
R U W X W M U S Z N I Z S S F I
I R E K S Ð Æ L K O V M T R Z A
K D A N S A R I U V L G J U I Ð
S E N D I H E R R A É M Ó D S N
V E I Ð I M A Ð U R V R R N G P
V Í S I N D A M A Ð U R I E C I
```

ÞJÁLFARI	JARÐFRÆÐINGUR
SENDIHERRA	SJÓMAÐUR
LISTAMAÐUR	VÉLVIRKI
LÖGMAÐUR	LÆKNIR
DANSARI	PÍANÓLEIKARI
BANKASTJÓRI	SÁLFRÆÐINGUR
VEIÐIMAÐUR	KLÆÐSKERI
ENDURSKOÐANDI	VÍSINDAMAÐUR
RITSTJÓRI	DÝRALÆKNIR

66 - Antartide

```
R Á Í S W Q G K K U D S L R B U
D O L W S H V H Q X C J S S M F
E I C F Ð T R U U V V K T D F L
V Y D K U L A N D A F R Æ Ð I Ó
A S J D Y N R G V H L K V R L I
T K I A J U N X K I A Ö Í A E A
N A M V R D B I F N N N S N I L
J G E Þ I N D I Þ F D N I N Ð R
E I J H L R Q S J E S U N S A B
Y E B I A E B Y Ö N L N D Ó N W
O A C X V H J K I A G L K G Q
Z O R X H Z S O L E G O E N U D
Z Y P E G I T S A T I H G I R Þ
U M H V E R F I R S K Ý T R A U
L G S Ð O L E Ð T P P Q D Q I O
T T M H A I L Ð B G E I N Q U I
```

VATN	EYJAR
UMHVERFI	STEINEFNI
FLÓI	SKÝ
HVALIR	SKAGI
VERNDUN	RANNSÓKNIR
ÁLFUNNI	ROCKY
KÖNNUN	VÍSINDLEGT
LANDAFRÆÐI	LEIÐANGUR
JÖKLAR	HITASTIG
ÍS	LANDSLAG

67 - Libri

```
D U T X L V I Ð E I G A N D I F
S Ð R V Y R D G H L A Ð Ö R Æ R
D Ö W U O T N Z N Ð P Í C E V U
Þ O G C X Þ A G T E I S C P I M
N J Y U M D S Ð X Í H F W I N L
R Q M C M O E I R V Q M Ð C T E
U L Þ R L A L A W T B Þ A V Ý G
M A N U U J Ð Þ W G Ó F F S R B
A G E D K Z Ó U I E K V I K I H
S A F N C X W Ð R L M Z R F B N
N S Ð U I E V Q Þ U E B K Q J O
A D C F R K N R W G N U S L Y I
M L A Ö O W A X F Ö N U J R G B
A Á U H N G B R Ð S T Þ V W Z H
G K Q N T Q V Ð B C A G A S E D
I S P X H Ö R M U L E G A D K I
```

HÖFUNDUR
ÆVINTÝRI
SAFN
SAMHENGI
TVÍEÐLI
EPIC
FRUMLEG
BÓKMENNTA
LESANDI
SÖGUMAÐUR

SÍÐA
LJÓÐ
VIÐEIGANDI
SKÁLDSAGA
SKRIFAÐ
RÖÐ
SAGA
SÖGULEGT
HÖRMULEGA
GAMANSAMUR

68 - Geografia

```
L D H L J D L L A S N C Q S Y G
O P Y Z X T S Þ V P G L V H J S
Y F I R R Á Ð A S V Æ Ð I N W Ó
M Ð X Ð X F E I I B D Ð J C E G
Q L R A L W Y A B V U P K M X P
W S K X A T J L R U Ð R O N U B
A W V L Q I A B J S Á S R N E V
B Y L A N F V R S U R U T S E V
O O G D X M R Ð E Ð G U H D W P
X Q R N T K A Z V U R J M D V O
T J S G F M R A Ð R A J W I O F
H Æ Ð A T L A S S U D T D E E K
W B L N N X O D V O G G S R L H
R H R I V E R A Æ D N A L B N C
Á L F U N N I P Ð Z E X S V E T
M E R I D I A N I E L L A J F P
```

HÆÐ
ATLAS
BORG
ÁLFUNNI
JARÐAR
RIVER
EYJA
BREIDD
LENGDARGRÁÐU
KORT

SJÓ
MERIDIAN
HEIMUR
FJALL
NORÐUR
VESTUR
LAND
SVÆÐI
SUÐUR
YFIRRÁÐASVÆÐI

69 - Cibo #1

```
L  Í  S  A  B  R  E  B  R  A  Ð  R  A  J  J  K
A  H  R  R  J  O  Ð  Y  J  D  D  P  M  Q  R  R
U  U  S  B  X  K  Þ  G  S  P  Í  N  A  T  A  E
K  M  Y  N  T  U  Y  G  S  A  L  T  R  F  G  W
U  U  O  H  V  C  O  A  C  O  M  N  E  Ð  A  W
R  Ð  I  R  V  A  Q  Ð  U  R  J  S  P  C  K  S
U  A  N  L  V  Í  K  I  E  K  Ó  Í  S  X  A  I
K  S  G  Ð  T  S  T  G  F  L  T  M  S  K  R
Y  Q  O  F  T  T  A  L  A  S  K  R  P  Þ  O  O
S  V  P  S  F  U  S  A  A  Z  B  Ó  Þ  Z  Þ  E
N  Æ  P  A  A  T  D  Þ  B  U  C  N  X  Þ  P  Z
T  Ú  N  F  I  S  K  U  R  P  K  U  H  J  J  P
E  Q  E  Y  K  E  F  O  E  Z  C  U  U  Þ  N  T
K  A  N  I  L  J  O  Q  H  B  B  U  R  U  J  S
W  C  W  R  A  Þ  Ö  O  Ð  H  J  Y  U  C  M  H
H  F  S  X  D  X  K  T  Ó  R  L  U  G  N  F  L
```

HVÍTLAUKUR	MYNTU
BASIL	BYGG
KANIL	PERA
KJÖT	NÆPA
GULRÓT	SALT
LAUKUR	SPÍNAT
JARÐARBER	SAFA
SALAT	TÚNFISKUR
MJÓLK	KAKA
SÍTRÓNU	SYKUR

70 - Aeroplani

```
A Y F S P A Q Q X P Y E P O L E
S J C M P B Z H E U O L I O O L
M X C Í Q L Ó K Y R R Ð H P F D
F Y H Ð F Ö X T V Þ A I J L T S
A L G I S Ð F L U G M A Ð U R N
G S E Þ T R W Ð K Æ F R Y B U E
A T Ð N X U Q L I V U C Q I P Y
S J V U D W A Q F I V K H X P T
F Ó H N N I M I H N É V P F R I
A R J N K Ð N H A T L E B C U C
R N K Ö Þ J F G X Ý X T H Q N M
Þ M B H S K Ö O Y R K N O Æ A J
E Á I Ð J X H L O I X I Ð Ð Ð H
G L W G N G Á S T E F N U L J Ð
I Þ V O E O R D V A E Q Þ U R L
D Q T K I W E I Ð D Z D C M J T
```

HÆÐ	UPPRUNA
LOFT	ÁHÖFN
STJÓRNMÁL	VETNI
LENDING	VÉL
ÆVINTÝRI	SIGLA
ELDSNEYTI	BLÖÐRU
HIMINN	FARÞEGI
SMÍÐI	FLUGMAÐUR
HÖNNUN	SAGA
STEFNU	ÓKYRRÐ

71 - Governo

```
R G E L A R A G R O B H F X I H
É M P Ö T G K I V Ð X L R L O U
T I Y G Ö L A Ð Æ R M U E E B H
T N D L P E W Æ W F O U L I O Q
L N E E D H T T Q C G I S Ð N A
Æ I Y G V K Ð S M Ó D A I T O M
T S Ð U Y X O F D T Á K N O V Þ
I M E R U G E L Ð Ó J Þ W G R J
J E U S T J O Á Á Q A T F I Y Ó
I R W F Ð Y H J U M D Æ M I S Ð
X K D Y Á R K S R A N R Ó J T S
R I F K Ð G I Z K Q R R H R J X
J A F N R É T T I F Æ W Ó G W R
O R X I U T A E Q G Ð T V J G S
L Ý Ð R Æ Ð I K Í R U L L K T Z
E W F B W N A J L X R Z E V S S
```

LEIÐTOGI
BORGARALEG
STJÓRNARSKRÁ
LÝÐRÆÐI
RÆÐU
UMRÆÐA
DÓMS
RÉTTLÆTI
SJÁLFSTÆÐI
LÖGLEGUR

LÖG
FRELSI
MINNISMERKI
ÞJÓÐLEGUR
ÞJÓÐ
STJÓRNMÁL
UMDÆMI
TÁKN
RÍKI
JAFNRÉTTI

72 - Bellezza

```
H  G  E  K  Q  D  D  Z  S  Þ  I  Ð  S  G  N  T
T  Ú  L  E  H  K  E  S  P  J  Ð  Á  N  Ð  S  R
I  P  Ð  Æ  C  M  T  S  E  Ó  M  G  Y  Q  B  T
T  Z  Þ  Y  S  W  Þ  I  G  N  A  A  R  S  H  U
S  K  Æ  R  I  I  D  Ð  I  U  S  H  T  X  V  T
I  Þ  T  C  X  E  L  Þ  L  S  K  K  I  K  Q  D
L  E  S  Þ  V  P  Z  E  L  T  A  C  V  I  Y  Ð
Í  Ó  P  M  A  J  S  I  I  A  R  Y  Ö  H  Y  L
T  Ð  Y  E  R  U  T  I  L  K  A  X  R  C  R  F
S  V  X  Ð  A  V  M  V  Þ  M  I  I  U  W  C  Ð
U  P  L  H  L  I  L  M  U  R  Y  G  R  V  B  D
Þ  H  Z  N  I  D  N  Y  M  S  Ó  J  L  Ö  E  Ð
U  Y  S  Y  T  H  E  I  L  L  A  L  Z  R  S  U
S  C  U  I  U  S  M  F  J  L  Z  E  T  U  A  B
Q  B  N  B  R  K  R  U  L  L  A  A  R  R  F  Q
O  L  Í  U  R  G  L  Æ  S  I  L  E  G  U  R  U
```

LITUR	OLÍUR
SNYRTIVÖRUR	HÚÐ
GLÆSILEGUR	VÖRUR
GLÆSILEIKI	LYKT
HEILLA	KRULLA
SKÆRI	VARALITUR
LJÓSMYNDIN	ÞJÓNUSTA
ILMUR	SJAMPÓ
NÁÐ	SPEGILL
MASKARA	STÍLISTI

73 - Avventura

```
F  Ð  K  U  S  H  E  L  D  M  Ó  Ð  H  N  Ó  Á
E  V  W  N  C  I  Æ  C  N  F  M  R  Ð  Á  V  F
R  F  C  D  A  L  G  T  T  Ý  N  O  B  T  E  A
Ð  E  M  I  T  R  S  L  T  V  C  H  Z  T  N  N
A  R  U  R  Ð  U  T  Q  I  U  N  O  Y  Ú  J  G
Á  Ð  V  B  R  E  J  Q  B  N  L  X  Z  R  U  A
Æ  A  Þ  Ú  E  Þ  L  Ð  R  U  G  E  F  A  L  S
T  S  P  N  F  Y  Y  G  J  T  K  A  G  N  E  T
L  T  Ð  I  R  Ö  R  Y  G  G  I  L  R  T  G  A
U  O  C  N  A  F  I  Z  I  I  N  X  J  Ð  T  Ð
N  Z  I  G  N  A  N  J  P  Ð  K  L  G  L  V  U
Ð  F  M  U  U  B  I  K  K  E  R  G  U  H  A  R
W  O  U  R  Ð  D  V  H  C  D  I  U  J  X  N  M
K  H  V  S  O  X  G  W  M  F  V  L  X  Q  D  D
S  V  E  I  K  T  Æ  K  I  F  Æ  R  I  F  I  F
C  U  K  V  S  Á  S  K  O  R  A  N  I  R  W  C
```

VINIR	FERÐAÁÆTLUN
VIRKNI	NÁTTÚRAN
FEGURÐ	SIGLINGAR
HUGREKKI	NÝTT
ÁFANGASTAÐUR	TÆKIFÆRI
VANDI	HÆTTULEGT
ELDMÓÐ	UNDIRBÚNINGUR
SKOÐUNARFERÐ	ÁSKORANIR
GLEÐI	ÖRYGGI
ÓVENJULEGT	FERÐAST

74 - Forme

```
T O I Ð E S G F A D Í M A R Ý P
H E Ð X C Q N W T L C A N D Þ O
Y M N Ð P R I S M P Z R E W B E
P S R I N Ú R B Ð Y D G A L K S
E S T L N N H Y T Ð Q H Q Q M P
R E T H G G H D Z Y Y Y U S J O
B F M R N R U G N I N R E F C R
O W I X O Ð Q R C T R N R O H B
L L Í N A K O E Þ Þ B I U K A A
A C G X Q V K M D Q L N B E B U
C F R J X Þ I A A U K G H I U G
S P O R Ö S K J U L A G A L Z V
N K Ú L A J F E R I L L Þ A R Þ
R É T T H Y R N I N G U R Ð O Z
A Y P X S K S L N E L K V G Z Y
Þ R Í H Y R N I N G U R L Z F S
```

HORN	HLIÐ
ARC	LÍNA
BRÚNIR	SPORÖSKJULAGA
HRING	PÝRAMÍDA
STROKKA	MARGHYRNING
KEILA	PRISM
TENINGUR	FERNINGUR
FERILL	RÉTTHYRNINGUR
SPORBAUG	KÚLA
HYPERBOLA	ÞRÍHYRNINGUR

75 - Oceano

```
S  Þ  U  Z  Ð  Z  K  Á  F  J  Z  G  T  S  Z  T
G  J  L  G  Ð  E  Q  B  L  U  Z  V  R  T  S  Ú
Y  H  Á  D  A  H  J  G  S  L  F  U  U  O  K  N
Q  S  T  V  D  C  P  Z  G  Ð  K  A  P  R  R  F
L  H  X  S  A  T  T  Y  L  G  R  A  M  M  A  I
Y  A  N  U  V  R  U  K  S  I  F  X  A  U  B  S
A  Þ  N  M  X  G  F  O  Ð  Z  D  I  V  R  B  K
R  Æ  K  J  A  L  I  Ö  E  U  V  E  S  U  I  U
X  D  T  O  R  P  R  T  L  A  S  C  T  T  I  R
Z  H  V  A  L  U  R  Y  X  L  R  A  K  Á  H  X
Q  M  X  F  R  B  U  B  K  I  I  V  N  B  N  A
H  Ö  F  R  U  N  G  U  R  Ó  Ð  P  J  V  I  O
T  D  J  S  D  P  I  B  B  A  R  K  L  O  K  S
S  K  J  A  L  D  B  A  K  A  H  A  J  B  U  T
X  W  E  C  Ö  W  Z  H  R  I  J  C  L  Y  V  R
Ð  Ð  B  H  I  U  O  H  T  W  V  Q  H  L  M  A
```

ÁLL	OSTRA
HVALUR	FISKUR
BÁTUR	KOLKRABBI
KÓRALL	SALT
HÖFRUNGUR	RIF
RÆKJA	SVAMPUR
KRABBI	HÁKARL
SJÁVARFÖLL	SKJALDBAKA
MARGLYTTA	STORMUR
ÖLDUR	TÚNFISKUR

76 - Veicoli

```
D Q R O S V D N J P W J Z O B S
P X M F P J F E V B Þ B N V Í K
E S Q J B N Ú L K P V I X K L U
B Þ I Z U K Y K V K G Y Z Z L T
Z N D Z H L É V R A T T Á R D L
F E R J A É B I X A T Þ P B B A
H I D G L V J V W O B Þ Ð O Á U
Z J L U J G Q W Y I K Í Y N T K
S Þ Ó A L U W J R Ú T U L U U Þ
L A J L L Í B U R Ö V J L R E
N M H F H F P A T V E S P U L Þ
Y N Ð D O Ý A Ð Á L E S T O E Z
Þ J I L S M S M B É F L E K I U
N L E E F Y Þ I F V V Ð B E R T
Z G R A X C T F A L R Y Þ I A L
H M O T Q N Z L K M J K W U T U
```

FLUGVÉL	SKUTLA
SJÚKRABÍLL	DEKK
BÍLL	ELDFLAUG
RÚTU	VESPU
BÁTUR	KAFBÁTUR
REIÐHJÓL	TAXI
VÖRUBÍLL	FERJA
HJÓLHÝSI	DRÁTTARVÉL
ÞYRLA	LEST
VÉL	FLEKI

77 - Emozioni

```
G  Þ  K  A  X  Ó  O  S  Y  N  R  P  X  E  L  G
Q  Ó  Q  J  Þ  T  S  Á  Þ  G  H  Ð  H  F  E  T
Q  I  Ð  R  U  T  Á  L  K  K  A  Þ  O  N  I  R
V  P  L  V  E  I  Ð  I  E  R  E  X  L  I  Ð  V
L  A  L  Ð  I  Ð  E  L  G  U  L  O  Þ  Y  I  W
D  É  N  G  O  L  B  S  E  Ð  Ð  V  B  Y  N  F
C  O  T  D  Ð  I  D  M  S  I  H  T  U  L  D  J
J  I  Þ  T  R  B  I  Y  Æ  R  X  B  C  S  I  E
G  M  U  Þ  I  Æ  W  E  L  F  Z  T  Z  O  S  X
U  C  U  I  I  R  Ð  S  A  V  U  G  G  R  R  B
S  P  E  N  N  T  Ú  A  K  X  C  Æ  Þ  G  Ð  G
F  C  N  M  W  G  M  H  L  F  T  N  T  I  N  C
Ð  R  Q  E  V  F  A  Y  T  E  V  L  J  Þ  H  Ð
P  R  T  Þ  S  Q  S  D  M  A  G  L  K  A  S  R
A  F  S  L  A  P  P  A  Ð  U  R  U  F  A  J  Ó
M  X  A  Z  D  P  O  F  T  S  C  F  R  R  P  M
```

ÁST
SÆLA
LOGN
EFNI
SPENNT
GÓÐVILD
GLEÐI
ÞAKKLÁTUR
VANDRÆÐALEGUR
LEIÐINDI

FRIÐUR
ÓTTI
REIÐI
AFSLAPPAÐUR
LÉTTIR
SAMÚÐ
FULLNÆGT
EYMSLI
RÓ
SORG

78 - Natura

```
J T K Y Y S B Ý F L U G U R S Þ
E D P E Z F K R Ö M I Ð Y E K O
P P F Y K V M Ó K J F N W C Ý K
C G I Z S S D X G K P P Ð R S A
S K J Ó L L Ö J F U O R I N S Þ
K S N Z E B Z S R Z R E V I R H
R Ð S J Þ V A D J X Ý E G X G Z
W E M I G Y I T S F D N T B M M
T R O P I C A L I U F E G U R Ð
P L T W Þ K Ð U L V X R Þ B L O
K Y L Q U N A W T U V E V Þ Í D
Q V L I O W H I S E K S F J F X
L E I U R H Þ E E T O Ö O Ð L Y
Y R V K V I S D T I U W J I E I
P O E E A R K T Í S K U R T G W
M F H K H E L G I D Ó M U R T G
```

DÝR	JÖKULL
BÝFLUGUR	FJÖLL
ARKTÍSKUR	ÞOKA
FEGURÐ	SKÝ
EYÐIMÖRK	SKJÓL
KVIK	HELGIDÓMUR
ROF	VILLT
RIVER	SERENE
SM	TROPICAL
SKÓGUR	LÍFLEGT

79 - Balletto

```
P  D  L  T  Ó  N  L  I  S  T  X  J  S  G  D  S
Þ  R  A  I  S  V  I  P  M  I  K  I  L  L  E  Ó
Z  N  R  N  S  X  W  S  Q  S  F  T  S  K  D  L
T  K  E  G  S  T  G  E  L  R  A  N  G  I  T  Ó
H  Æ  F  N  I  A  R  Ð  G  A  R  B  T  Á  L  R
J  J  P  I  Q  F  R  Æ  P  Z  G  A  V  Ð  Ö  V
K  T  U  F  Þ  Ð  I  A  N  D  Ó  L  T  J  R  M
C  U  Ó  Æ  L  N  K  O  R  N  E  L  A  J  K  R
U  Ð  L  N  T  Æ  K  N  I  E  R  E  K  N  L  P
S  T  Í  L  S  Q  H  A  J  I  Ó  R  T  T  P  Ð
N  P  P  A  L  K  A  F  Ó  L  K  Í  U  Z  J  T
T  C  V  Z  H  Þ  Á  G  G  U  N  N  R  W  H  V
G  O  V  D  S  O  D  L  J  G  K  A  I  Q  C  E
F  W  J  Z  N  Y  R  U  D  N  E  F  R  O  H  Á
V  W  J  Y  Ð  S  T  Y  R  K  L  E  I  K  I  R
Y  H  L  J  Ó  M  S  V  E  I  T  Y  Z  I  Þ  D
```

HÆFNI	TIGNARLEGT
LÓFAKLAPP	STYRKLEIKI
LISTRÆNN	VÖÐVA
SÓLÓ	TÓNLIST
BALLERÍNA	HLJÓMSVEIT
DANSARAR	ÆFING
TÓNSKÁLD	ÁHORFENDUR
KÓREÓGRAF	TAKTUR
SVIPMIKILL	STÍL
LÁTBRAGÐ	TÆKNI

80 - Paesi #1

```
N  N  Á  P  S  N  A  M  A  N  T  E  Í  V  F  P
V  O  S  H  M  P  X  A  Í  L  I  S  A  R  B  Ó
Þ  F  R  P  O  G  U  L  I  O  X  S  H  L  W  L
Þ  F  C  E  H  M  I  Í  R  Ú  M  E  N  Í  A  L
P  I  A  Ð  G  E  G  Y  P  T  A  L  A  N  D  A
V  C  U  Y  Z  U  X  M  P  L  Í  B  Ý  A  S  N
Ó  U  E  I  T  A  R  N  A  Z  K  F  Þ  Y  E  D
K  Ð  O  V  F  H  Q  J  N  Y  Z  N  Ý  F  N  I
K  A  R  Í  V  E  V  O  A  H  M  P  S  I  E  Q
O  A  M  Q  I  I  W  S  M  C  I  D  K  N  G  Þ
R  H  N  B  L  Q  Ð  Þ  A  D  H  J  A  N  A  A
A  U  Y  A  Ó  Í  S  R  A  E  L  Z  L  L  L  H
M  V  Z  P  D  D  N  A  L  D  N  I  A  A  A  Y
V  I  H  Q  O  A  Í  A  T  Þ  G  T  N  N  X  L
B  M  S  S  N  S  Ð  A  O  Ð  C  Y  D  D  Y  R
V  E  N  E  S  Ú  E  L  A  B  K  W  S  I  R  Ð
```

BRASILÍA
KAMBÓDÍA
KANADA
EGYPTALAND
FINNLAND
ÞÝSKALAND
INDLAND
ÍRAK
ÍSRAEL
LÍBÝA

MALÍ
MAROKKÓ
NOREGUR
PANAMA
PÓLLAND
RÚMENÍA
SENEGAL
SPÁNN
VENESÚELA
VÍETNAM

81 - Geometria

```
H  P  Y  T  B  J  H  L  Á  R  É  T  T  K  H  R
B  O  Y  A  O  P  R  T  J  O  X  T  R  H  S  R
A  F  J  K  R  Y  I  D  L  I  G  Ð  I  M  A  Y
Z  Þ  R  E  G  J  N  O  P  G  O  B  C  D  M  Y
H  Q  Q  Þ  Q  Ð  G  N  I  N  N  E  K  Q  H  T
L  A  G  W  F  E  R  I  L  L  Á  M  R  E  V  Þ
U  T  L  V  Y  A  L  O  L  R  I  X  S  O  E  R
T  L  Ó  Ð  R  É  T  T  B  L  Z  Ð  D  H  R  L
I  R  Ö  K  F  R  Æ  Ð  I  R  J  I  D  V  F  J
Z  L  J  N  Ú  M  E  R  M  B  I  L  T  Í  U  N
M  Ð  A  Ð  I  L  H  M  A  S  H  F  O  D  C  O
G  F  F  L  N  V  P  H  P  V  W  O  Y  D  X  M
B  F  N  S  O  O  A  Q  O  B  A  I  H  R  Q  B
L  L  A  F  T  U  L  H  V  R  Q  C  Æ  D  T  M
Ú  T  R  E  I  K  N  I  N  G  N  Ð  Ð  U  N  P
Þ  R  Í  H  Y  R  N  I  N  G  U  R  O  C  E  J
```

HÆÐ	NÚMER
HORN	LÁRÉTT
ÚTREIKNING	SAMHLIÐA
HRING	HLUTFALL
FERILL	HLUTI
ÞVERMÁL	SAMHVERFU
VÍDD	YFIRBORÐ
JAFNA	KENNING
RÖKFRÆÐI	ÞRÍHYRNINGUR
MIÐGILDI	LÓÐRÉTT

82 - Foresta Pluviale

```
V  U  K  Ð  N  S  U  Y  X  G  M  T  F  F  P  S
F  I  N  V  Q  E  Þ  W  I  F  I  E  R  J  Ð  C
X  C  R  U  T  Æ  M  R  Ý  D  G  E  U  Ö  H  N
U  P  S  Ð  T  Q  B  Þ  T  G  Q  N  M  L  F  Q
E  U  L  S  I  E  V  Ð  R  A  V  D  B  B  Q  L
X  P  D  X  F  N  U  F  I  L  T  U  Y  R  O  Z
M  O  S  S  B  G  G  G  Z  É  E  R  G  E  R  F
V  S  K  O  R  D  Ý  R  Q  F  G  R  G  Y  Q  R
S  E  F  U  G  L  A  R  Y  M  U  E  J  T  S  U
K  B  Ð  P  A  N  J  G  V  A  N  I  A  N  P  M
Ý  Z  D  U  J  Ð  N  N  O  S  D  S  Ð  I  E  S
N  E  N  A  R  Ú  T  T  Á  N  K  N  X  H  N  K
N  M  I  C  U  F  R  A  V  H  T  A  N  C  D  Ó
N  W  J  O  X  L  A  C  I  N  A  T  O  B  Ý  G
X  R  Ý  D  K  S  O  R  F  Y  N  W  U  T  R  U
P  Z  O  Þ  V  Y  H  U  X  W  Ð  M  U  W  R  R
```

FROSKDÝR	NÁTTÚRAN
BOTANICAL	SKÝ
VEÐURFAR	VARÐVEISLU
SAMFÉLAG	DÝRMÆTUR
FJÖLBREYTNI	ENDURREISN
FRUMSKÓGUR	ATHVARF
FRUMBYGGJA	VIRÐING
SKORDÝR	LIFUN
SPENDÝR	TEGUND
MOSS	FUGLAR

83 - Edifici

```
H Y C H P K B Q C D O Ð H L B S
Ó B R C L L Æ L J L Ð O Ú E F W
T X K O B E R X K Q G E S I J A
E X K U T F P H M W U F I K J V
L L Þ D L A J T T N J P U H W F
Ð Ú B U R Ö V T A M C V C Ú V Þ
U X B Ð Z Ð Á R I D N E S S Q D
I S F Ö F J X R E C G F K U Þ X
I U I L A T S A K S I F W P X Þ
L A N H U Z R Þ F P B Þ K X P N
Ó B N F A S Z I I L Q O Í H Y Þ
K V I K M Y N D A H Ú S M B Z Þ
S H L L V E R K S M I Ð J U Ú N
Á T L R Ó Y U N O Ð I P Þ X P Ð
H G Ö L N K T S J Ú K R A H Ú S
H K V D X D S D W X Y Z K I Ð Ð
```

SENDIRÁÐ
ÍBÚÐ
KLEFA
HÚS
KASTALI
KVIKMYNDAHÚS
VERKSMIÐJU
BÆR
HLÖÐU
HÓTEL

SAFN
SJÚKRAHÚS
OBSERVATORY
SKÓLI
VÖLLINN
MATVÖRUBÚÐ
LEIKHÚS
TJALD
TURN
HÁSKÓLI

84 - Malattia

```
B  N  A  Ö  H  S  G  G  V  D  Þ  Þ  C  U  T  N
A  P  S  N  W  E  K  J  Q  R  F  M  Z  F  Ð  O
K  K  L  D  P  Ð  I  M  Æ  N  F  O  W  C  B  U
T  S  J  U  A  Á  G  L  A  V  K  L  K  W  P  T
E  S  M  N  S  R  G  U  K  L  U  M  B  A  R  M
R  I  T  A  L  B  F  D  T  E  O  H  R  O  E  O
Í  D  A  R  I  Þ  Q  G  W  V  N  O  Z  C  Y  P
A  N  D  F  E  W  F  K  E  K  H  N  Z  Þ  P  Ó
B  A  T  Æ  H  C  Ð  I  D  N  A  T  I  M  S  N
L  R  K  R  N  L  S  P  Z  T  G  M  D  U  M  Æ
J  A  S  I  M  A  K  Í  L  P  L  U  M  G  E  M
U  V  T  Q  E  K  V  I  Ð  C  Ó  T  R  N  Ð  I
Y  G  O  C  N  V  D  L  E  I  B  M  D  U  F  M
K  N  A  Ð  Í  L  L  E  V  G  Y  D  S  L  E  H
T  A  U  G  A  K  V  I  L  L  A  B  L  A  R  A
Q  L  M  A  H  J  A  R  T  A  V  P  N  H  Ð  Þ
```

BRÁÐ	ARFGENGUR
KVIÐ	ÓNÆMI
OFNÆMI	BÓLGA
BAKTERÍA	LUMBAR
VELLÍÐAN	TAUGAKVILLA
SMITANDI	LUNGUM
LÍKAMI	ÖNDUNARFÆRI
LANGVARANDI	HEILSA
HJARTA	HEILKENNI
VEIK	MEÐFERÐ

85 - Paesi #2

```
R  G  K  B  Ð  E  A  L  B  A  N  Í  A  L  Z  N
Ú  R  K  T  T  F  Þ  Q  H  X  J  D  F  A  N  Í
S  I  X  X  Þ  D  S  Í  J  P  T  K  F  O  E  G
S  K  K  T  E  Y  Þ  D  Ó  Q  K  I  J  S  P  E
L  K  D  S  W  H  C  D  Í  P  R  K  A  I  A  R
A  L  W  Z  V  Ð  H  V  R  H  Í  H  P  I  L  Í
N  A  K  Í  A  M  A  J  L  Y  O  A  A  L  H  A
D  N  Q  F  Y  C  N  W  A  X  Y  W  N  D  S  Þ
S  D  N  V  C  Í  H  N  D  A  N  M  Ö  R  K
X  Ý  Z  M  K  U  A  A  D  N  A  G  Ú  J  N  U
C  B  R  E  T  E  R  H  E  A  Ó  G  V  G  A  X
V  L  J  L  S  L  K  Í  P  A  K  I  S  T  A  N
K  L  S  A  A  Ú  Ú  T  R  H  Í  X  L  Z  T  Y
D  M  B  P  L  N  D  Í  W  Z  X  N  S  H  Y  I
N  H  U  Z  U  Y  D  A  Í  S  E  N  Ó  D  N  I
L  Í  B  E  R  Í  A  H  N  Y  M  X  S  K  U  S
```

ALBANÍA	LÍBERÍA
DANMÖRK	MEXÍKÓ
EÞÍÓPÍA	NEPAL
JAMAÍKA	NÍGERÍA
JAPAN	PAKISTAN
GRIKKLAND	RÚSSLAND
HAÍTÍ	SÝRLAND
INDÓNESÍA	SÚDAN
ÍRLAND	ÚKRAÍNA
LAOS	ÚGANDA

86 - Tipi di Capelli

```
L  W  A  R  B  L  M  F  R  R  U  Þ  S  N  G  Z
Y  A  B  Q  U  J  S  T  U  T  T  A  K  F  Z  S
V  B  N  K  R  Ó  Z  B  T  C  U  A  Ö  U  Y  I
N  Þ  R  G  U  S  O  U  Í  Ð  Þ  W  L  M  K  Q
J  L  G  B  T  H  Ð  F  V  D  Q  K  L  P  M  O
S  V  A  R  T  Æ  F  D  H  N  T  T  Ó  D  D  D
Þ  I  L  U  É  R  L  I  T  A  Ð  K  T  M  J  L
Z  Ð  L  K  L  Ð  Þ  E  G  P  Y  E  T  R  G  Y
H  V  U  K  F  U  R  U  K  Ú  J  M  U  Y  Z  C
P  S  R  Y  E  R  B  W  N  H  M  S  R  R  G  L
Q  F  K  Þ  T  N  H  N  L  N  B  P  N  Y  G  Z
O  M  U  T  T  É  L  F  D  Y  U  C  G  B  N  X
G  S  Y  I  N  S  L  É  T  T  Y  R  B  Y  A  R
R  U  O  Ð  Z  Ú  T  P  P  Q  M  T  Ð  S  O  A
Á  Ð  I  K  K  O  R  H  S  I  L  F  U  R  Þ  K
R  Q  E  H  E  I  L  B  R  I  G  Ð  U  R  Z  L
```

SILFUR   LANGT
ÞURR   BRÚNT
HVÍTUR   MJÚKUR
LJÓSHÆRÐUR   SVART
STUTT   HROKKIÐ
SKÖLLÓTTUR   KRULLA
LITAÐ   HEILBRIGÐUR
GRÁR   ÞUNNUR
FLÉTTUM   ÞYKKUR
SLÉTT   FLÉTTUR

87 - Vestiti

```
U  H  F  Q  Q  B  F  W  H  S  L  I  P  A  R  H
H  Q  Y  U  Z  E  H  Þ  Ð  A  V  G  B  K  Ó  Á
C  A  X  J  Q  L  L  Ó  J  K  T  U  P  Á  K  L
N  E  N  Y  O  T  T  Í  S  K  A  T  N  S  S  S
S  K  Ó  S  U  I  K  K  A  J  S  H  U  T  U  M
S  U  O  Ð  K  D  C  N  S  E  Y  H  O  R  U  E
P  R  H  J  B  A  B  X  S  T  E  Ð  Þ  U  K  N
N  A  P  J  P  T  Ð  E  Ú  E  P  R  T  X  E  Q
D  N  A  B  M  R  A  Ð  L  K  Z  N  N  U  A  H
H  D  Þ  I  K  Y  K  L  B  Q  L  G  O  B  Z  Ð
E  F  L  E  A  K  R  V  Þ  U  I  X  V  A  A  U
M  T  N  R  O  S  N  Á  T  T  F  Ö  T  L  U  P
Q  C  E  P  D  J  Y  R  T  E  E  B  L  L  K  W
V  J  B  O  P  I  K  Y  O  Y  R  H  H  A  D  B
W  B  U  X  U  R  M  O  B  T  T  Ð  M  G  D  E
X  C  R  L  W  L  Ð  I  S  N  P  M  Z  M  A  K
```

KJÓLL	SVUNTU
ARMBAND	HANSKA
BLÚSSA	GALLABUXUR
SKYRTA	PEYSA
HATTUR	TÍSKA
KÁPU	BUXUR
BELTI	NÁTTFÖT
HÁLSMEN	SKÓ
JAKKI	SKÓR
PILS	TREFIL

88 - Attività e Tempo Libero

```
V E N V Y I K W F G N R T B W H
E Ð Þ V V Ð H X T D O U E L Ð N
R I Ð R E F U G N Ö G L A A L E
S A F S L A P P A N D I F K I F
L Á M A G U H Á D G K R J C S A
A Ð Æ J T Ú S Z I T V L M I T L
K Ö R F U B O L T I E X C U U E
C R K Ö F U N W L T D N U S W I
Q C E A Ð Þ E J O L F Þ N U O K
J P O V B A U Y B O E X G I Q A
J P Z J L J F Z T B R H G Ð S R
T Y Y P H Á E H Ó A Ð K Ð I M B
V K C N O O M G F N A A G E Ð I
G A R Ð Y R K J A F S B A V I P
J C I V I M X T H A T T F V H H
C S A D O Q R O X H D D R P C Ð
```

LIST
HAFNABOLTI
KÖRFUBOLTI
HNEFALEIKAR
FÓTBOLTI
ÚTJÆÐA
GÖNGUFERÐIR
GARÐYRKJA
GOLF
ÁHUGAMÁL

KÖFUN
SUND
BLAK
VEIÐI
MÁLVERK
AFSLAPPANDI
VERSLA
TENNIS
FERÐAST

89 - Arte

```
J  K  O  A  I  U  J  L  Y  J  W  Y  S  T  S  S
P  E  R  S  Ó  N  U  L  E  G  T  N  U  I  Ú  A
D  N  O  Ý  V  A  F  G  C  U  G  E  Q  P  R  M
P  M  X  L  A  R  F  E  D  B  C  V  W  J  R  S
F  L  Ó  K  I  Ð  T  L  A  F  N  I  E  L  E  E
D  Y  K  Y  M  D  Á  N  W  F  U  O  N  L  A  T
O  U  U  E  L  J  K  I  M  A  R  E  K  J  L  N
Ð  E  X  C  K  Ð  N  X  K  A  H  G  Þ  Ó  I  I
C  T  D  O  R  I  G  I  N  L  E  G  T  Ð  S  N
J  Y  L  X  E  Z  B  E  V  N  Q  Þ  Þ  I  M  G
Þ  I  K  Ð  V  P  A  K  S  V  O  H  M  B  I  F
R  U  G  E  L  R  A  Ð  I  E  H  Q  P  Y  Þ  V
A  W  C  D  Á  H  Ö  G  G  M  Y  N  D  N  Y  M
R  S  T  G  M  I  N  N  B  L  Á  S  T  U  R  Y
A  B  U  Y  S  R  M  Y  R  O  R  R  N  K  L  Q
S  J  Ó  N  R  Æ  N  D  O  P  Y  F  O  Ð  J  Þ
```

KERAMIK	LJÓÐ
FLÓKIÐ	LÝSA
SAMSETNING	HÖGGMYND
MÁLVERK	EINFALT
SEGÐ	TÁKN
MYND	EFNI
INNBLÁSTUR	SÚRREALISMI
HEIÐARLEGUR	SKAP
ORIGINLEGT	SJÓNRÆN
PERSÓNULEGT	

90 - Meteo

```
V  J  P  O  L  A  R  G  A  E  L  D  I  N  G  F
I  Z  P  A  P  R  W  Y  U  F  O  H  L  Y  G  E
T  Þ  M  M  E  M  O  N  S  Ú  N  Í  S  Z  O  L
T  R  A  F  R  U  Ð  E  V  N  W  W  E  M  L  L
S  O  O  P  C  A  Q  T  L  Þ  V  Y  H  Q  A  I
T  Z  R  P  D  P  T  L  D  O  U  Þ  X  L  V  B
J  C  U  N  I  G  O  B  N  G  E  R  A  G  I  Y
Ó  P  M  N  A  C  I  Þ  Q  P  Ð  M  R  I  N  L
R  E  R  R  F  D  A  Þ  Ó  K  A  A  Y  T  D  U
N  X  O  B  V  H  O  L  K  F  T  V  Y  S  U  R
M  U  T  A  F  N  O  L  M  T  K  O  S  A  R  A
Á  H  S  N  N  C  S  Y  E  E  V  Y  C  T  S  K
L  B  M  U  F  F  O  Þ  R  U  M  U  R  I  K  R
E  Þ  C  F  A  K  L  B  I  Þ  C  Þ  Z  H  Ý  R
K  Z  C  X  T  P  U  N  Q  L  A  C  Z  V  Þ  U
G  A  G  N  X  H  I  M  I  N  N  Y  C  M  W  Þ
```

REGNBOGI	SKÝ
ÞURRT	POLAR
STJÓRNMÁL	ÞURRKAR
GOLA	HITASTIG
HIMINN	STORMUR
VEÐURFAR	TORNADO
ELDING	TROPICAL
ÍS	ÞRUMUR
MONSÚN	FELLIBYLUR
ÞÓKA	VINDUR

91 - Corpo Umano

```
D  O  F  W  F  Ó  T  U  R  O  Z  H  D  J  R  P
É  L  B  I  Q  V  T  N  F  X  H  J  Ð  C  B  Z
I  N  F  Y  B  J  K  H  C  I  E  A  G  U  A  H
D  B  H  A  K  P  L  Á  L  Z  I  R  L  Ð  V  Ö
K  O  S  L  Ð  F  I  L  W  R  L  T  E  K  W  K
Þ  G  K  U  W  Z  T  S  N  M  I  A  V  E  K  U
I  A  Þ  E  M  I  Ð  S  W  T  G  S  F  T  H  Ö
F  E  N  O  K  H  Ð  Þ  H  Y  A  F  F  Q  N  K
T  I  L  D  N  A  Q  X  E  N  M  L  M  K  W  Q
W  H  N  N  J  H  Y  V  C  H  C  Ð  G  Þ  O
X  Y  W  G  R  H  Z  D  P  H  Ö  X  N  J  N  H
N  B  P  Ð  U  F  Ö  H  K  G  N  J  S  X  Þ  J
K  L  Z  Z  N  R  E  Y  R  A  D  B  L  Ó  Ð  U
B  V  C  G  N  N  V  S  Y  G  W  N  L  T  Ú  G
Y  Z  Q  I  U  Z  D  Ð  T  Þ  Þ  E  Ð  Z  H  K
Ö  X  L  E  M  X  Q  Z  D  R  U  O  Ð  F  Z  H
```

MUNNUR	HÖND
ÖKKLA	HÖKU
HEILI	NEF
HÁLS	AUGA
HJARTA	EYRA
FINGUR	HÚÐ
ANDLIT	BLÓÐ
FÓTUR	ÖXL
HNÉ	MAGI
OLNBOGA	HÖFUÐ

92 - Mammiferi

```
D Z T U L N D Þ W H P R L D Y H
C E Ð D H G S Y P E H C M Þ R Ö
I B J L R N A U T S Ú L F U R F
H R X S U W O R M T K F S Q L R
U A H C F I R U Y U Ð N L Ð J U
N Þ V Þ L Þ Z F K R D N I K Ó N
D X A R Ú G N E K O Á H P S N G
U I L V U G A R J B D I A M L U
R F U H T X Ó Y Ö G Ý F T B Y R
K F R W T L P R H J R L R N Þ X
S A M A É F Í L I L B G Þ F N H
Q R N R L E J N X L K Ö T T U R
P Í G Í S N H G Z U L L Z K I Y
N G H C N M C Y H Ð F A I V C K
W H J A F A Ð P M C Þ W Q Þ N C
C C E M L K L B L G J Þ X C N U
```

HVALUR   GÍRAFFI
HUNDUR   GÓRILLA
KENGÚRA   LJÓN
HESTUR   ÚLFUR
DÁDÝR   BJÖRN
KANÍNA   KIND
SLÉTTUÚLFUR   API
HÖFRUNGUR   NAUT
FÍL   REFUR
KÖTTUR   ZEBRA

93 - Cucina

```
D O D F W X R E R N P L F H J W
Z N Z K Q Ð B S W E M Q R N O D
S K E I Ð A R U V T K T Z Í F Z
S M K T Q S U P F U G J R F N Q
Q R L S A U T P Y N N M X A E S
Þ P P Y H A A S D N F T C L K E
Ð V Þ R F K M K W Ö W P U L L R
T C O F D D Y R K K R S K O D V
C O M C X L L I T E K O K B R Í
A Þ U X M L A F G V P Ð U B M E
L L D B W K O T F B H L R V J T
G Ð Ð X U R O V O A T Þ K Z I T
Ð R A N N I P Y R U P M A V S A
D H I W R U P Á K S S Í T N G A
K Q E L M Y W Þ S Z A C J Y U K
S K Á L L J D W Q Q J S N B G H
```

PINNAR
KETILL
KÖNNU
MATUR
SKÁL
HNÍFA
FRYSTI
SKEIÐAR
FORKS
OFN

ÍSSKÁPUR
SVUNTU
GRILL
AUSA
UPPSKRIFT
KRYDD
SVAMPUR
BOLLA
SERVÍETTA
KRUKKU

94 - Giardinaggio

```
J  C  B  H  U  M  L  F  M  N  D  H  Ð  J  Z  O
V  N  X  U  I  K  A  R  X  K  E  A  O  A  H  P
H  A  M  Ó  L  B  U  Æ  X  L  T  I  E  R  U  I
A  G  T  Þ  B  D  F  O  R  C  P  S  I  Ð  N  N
M  F  P  N  O  Q  D  B  U  N  M  Í  D  V  M  Q
F  H  G  X  T  W  A  X  V  J  T  L  N  E  G  I
R  U  Ð  R  A  G  N  I  D  L  A  Á  I  G  S  Þ
X  Q  F  O  N  N  T  I  N  Z  R  T  N  U  M  W
V  M  W  W  I  F  U  R  Ö  L  T  W  I  R  I  C
V  E  P  D  C  W  Þ  G  V  F  S  N  E  T  U  X
O  I  Ð  N  A  F  I  D  N  A  M  A  R  F  J  Z
X  Y  Z  U  L  I  G  R  X  Ö  Ó  Z  H  E  M  W
A  D  Y  G  R  T  X  B  C  Z  L  E  Ó  N  C  K
Z  N  B  E  S  F  T  E  J  W  B  S  Ð  K  Z  K
R  K  D  T  H  Z  A  T  L  O  M  I  I  M  G  B
Æ  T  U  R  M  P  Y  R  H  V  V  N  P  C  O  W
```

VATN	SM
BOTANICAL	ALDINGARÐUR
VEÐURFAR	VÖND
ÆTUR	FRÆ
MOLTA	TEGUND
ÍLÁT	ÓHREININDI
FRAMANDI	OPIN
BLÓMSTRA	JARÐVEGUR
BLÓMA	SLÖNGUNA
LAUF	RAKI

95 - Universo

```
S  T  J  Ö  R  N  U  F  R  Æ  Ð  I  R  M  D  G
S  Ó  L  S  T  Ö  Ð  U  R  U  K  R  Y  M  S  A
R  I  S  E  U  H  C  A  L  W  E  X  R  G  P  L
H  C  S  Y  D  X  K  V  Ð  J  F  Ð  F  P  O  A
S  I  Y  J  X  R  Þ  M  G  A  E  C  O  L  R  X
M  M  M  Ð  Ó  E  U  X  D  M  G  Q  S  Á  B  Y
Á  S  S  N  G  N  Þ  H  G  U  U  L  K  M  R  S
S  O  Ý  R  E  R  A  T  D  B  X  F  I  N  A  Ó
T  C  N  Y  B  T  Y  U  J  A  R  Ð  A  R  U  L
I  D  L  K  M  V  I  L  K  T  Þ  E  R  Ó  T  T
R  Ý  E  Ð  G  C  P  D  D  I  E  R  B  J  Þ  B
N  R  G  M  I  Ð  B  A  U  G  U  R  K  T  W  N
I  I  T  A  S  R  X  D  T  J  F  M  S  S  L  Z
E  R  O  X  U  W  H  I  M  I  N  N  O  R  L  J
J  O  L  E  N  G  D  A  R  G  R  Á  Ð  U  O  Ð
G  E  N  X  L  T  L  P  Z  P  T  U  N  G  L  P
```

SMÁSTIRNI
STJÖRNUFRÆÐI
STJÓRNMÁL
MYRKUR
HIMNETI
HIMINN
COSMIC
JARÐAR
EON
MIÐBAUGUR

GALAXY
BREIDD
LENGDARGRÁÐU
TUNGL
SPORBRAUT
SÓL
SÓLSTÖÐUR
SJÓNAUKI
SÝNLEGT
DÝRIR

96 - Jazz

```
G  Þ  B  M  O  U  L  W  U  A  Y  M  O  X  L  Z
Ð  A  N  O  G  Ð  R  Y  I  I  G  X  W  O  Ó  E
N  C  M  N  S  Q  U  O  E  Y  S  G  O  H  F  F
D  Ý  B  A  K  V  G  N  I  N  T  E  S  M  A  S
G  N  T  M  L  D  Æ  C  B  K  J  Q  B  Á  K  H
D  Þ  F  T  J  L  R  G  X  X  T  I  T  H  L  L
H  S  X  F  Y  D  F  J  L  Þ  M  H  A  E  A  J
Q  Æ  X  X  W  V  Z  P  Y  E  D  K  K  R  P  Ó
T  V  F  Ð  V  I  Q  X  O  E  J  G  T  S  P  M
Ó  O  J  I  T  Æ  L  R  I  T  F  E  U  L  P  S
N  F  T  N  L  T  E  G  U  N  D  Q  R  A  Y  V
S  Q  J  K  Í  E  M  A  V  B  X  V  Q  U  P  E
K  O  U  Æ  T  S  I  L  N  Ó  T  J  C  Ð  L  I
Á  L  B  T  S  R  A  K  I  E  L  N  Ó  T  Ö  T
L  W  D  Y  U  L  G  H  I  N  U  P  S  Þ  T  H
D  L  I  S  T  A  M  A  Ð  U  R  K  X  R  U  U
```

PLÖTU
LÓFAKLAPP
LISTAMAÐUR
LAG
TÓNSKÁLD
SAMSETNING
TÓNLEIKAR
ÁHERSLA
FRÆGUR
TEGUND

SPUNI
TÓNLIST
NÝTT
HLJÓMSVEIT
EFTIRLÆTI
TAKTUR
STÍL
HÆFILEIKI
TÆKNI
GAMALL

97 - Attività

```
L  J  Ó  S  M  Y  N  D  U  N  Y  E  H  E  C  D
Á  K  I  J  Þ  K  R  I  K  I  E  L  F  W  M  Þ
I  N  K  R  I  V  U  Y  M  Y  U  C  T  X  D  R
K  U  Æ  H  M  K  D  X  I  X  Ð  R  H  P  Þ  A
A  K  G  G  Ð  M  L  D  P  P  O  I  T  T  Q  U
V  Ö  V  Y  J  V  A  J  K  R  Y  Ð  R  A  G  T
E  L  T  C  D  A  G  J  R  T  F  R  K  S  J  I
Z  S  T  Í  M  I  S  T  E  S  Z  E  B  N  U  R
Ú  T  J  Æ  Ð  A  I  T  V  W  A  F  K  A  E  U
H  W  F  O  E  Z  K  W  D  T  H  U  I  D  F  T
J  J  H  M  G  X  Þ  F  N  M  W  G  M  D  L  S
V  E  I  Ð  A  L  F  H  A  I  H  N  A  A  D  E
Q  I  Þ  Z  Ð  G  I  Y  H  I  Q  Ö  R  T  Z  L
T  B  S  I  O  Z  Q  S  V  Y  U  G  E  T  O  E
G  G  M  W  D  V  H  A  T  Y  F  V  K  K  P  F
W  F  O  V  E  I  Ð  I  N  F  Æ  H  E  U  F  Þ
```

HÆFNI	LJÓSMYNDUN
LIST	GARÐYRKJA
HANDVERK	LEIKIR
VIRKNI	LESTUR
VEIÐA	GALDUR
ÚTJÆÐA	VEIÐI
KERAMIK	ÁNÆGJA
SAUMA	ÞRAUTIR
DANSA	SLÖKUN
GÖNGUFERÐIR	TÍMIST

98 - Diplomazia

```
S  B  G  T  L  H  T  K  C  Ð  K  K  V  H  R  D
G  A  L  É  F  M  A  S  Y  I  V  Q  L  G  É  L
R  Ð  M  D  G  X  F  A  Y  F  V  O  N  Á  T  S
G  Æ  K  S  Ð  S  J  Þ  K  A  L  I  T  L  T  R
L  R  K  Ö  T  Á  R  H  Q  J  N  T  C  Y  L  Ö
Ð  M  Q  D  Z  A  A  U  Ð  G  T  D  B  K  Æ  R
T  U  Þ  L  T  X  R  H  Z  Ð  O  Y  V  T  T  Y
S  Ð  Þ  Q  J  L  C  F  C  Á  M  E  S  U  I  G
S  Á  V  Z  R  A  R  A  G  R  O  B  V  N  F  G
I  R  T  F  S  U  S  T  J  Ó  R  N  M  Á  L  I
Ð  I  I  T  P  S  D  I  P  L  O  M  A  T  I  C
F  D  E  N  M  N  R  Ó  J  T  S  S  I  K  Í  R
R  N  N  W  X  Á  S  E  N  D  I  H  E  R  R  A
Æ  E  R  V  D  L  L  M  A  N  N  R  Æ  Ð  I  H
Ð  S  V  V  J  K  K  I  D  N  I  L  I  E  H  U
I  A  N  D  M  P  Y  R  Q  A  O  T  S  Þ  G  I
```

SENDIRÁÐ	SIÐFRÆÐI
SENDIHERRA	RÉTTLÆTI
BORGARAR	RÍKISSTJÓRN
CIVIC	HEILINDI
SAMFÉLAG	STJÓRNMÁL
ÁTÖK	ÁLYKTUN
RÁÐGJAFI	ÖRYGGI
SAMSTARF	LAUSN
DIPLOMATIC	SÁTTMÁLI
UMRÆÐA	MANNRÆÐI

99 - Forniture Artistiche

```
S  B  L  B  S  S  F  I  Ð  R  B  M  N  S  R  W
Þ  T  T  B  O  Þ  Þ  Y  N  Z  R  Y  N  T  A  V
U  Z  R  I  D  N  Y  M  G  U  H  N  Q  Ó  D  C
D  W  E  O  C  Ð  U  T  V  N  T  D  U  L  U  W
F  H  Y  X  K  E  L  B  J  K  Þ  A  V  O  N  J
P  P  U  Q  V  L  G  B  H  K  B  V  S  K  G  J
A  L  T  X  A  K  E  H  Ð  X  O  É  E  L  R  N
P  U  Í  U  T  R  R  Ð  F  S  R  L  Y  L  A  B
P  Þ  O  M  N  Þ  C  Ð  U  Þ  Ð  F  L  I  T  I
Í  J  M  I  S  D  U  I  P  R  R  H  B  X  S  Ð
R  N  G  H  L  O  T  A  L  S  Æ  L  G  X  R  G
U  Y  G  Ð  I  I  N  K  Q  E  B  B  O  S  U  E
G  H  B  I  T  S  Ð  R  A  T  N  A  Ý  L  B  R
G  G  Q  V  I  P  C  Ý  F  A  E  T  E  V  Í  G
V  Þ  K  I  R  I  E  L  S  K  Ö  P  U  N  P  A
P  A  S  T  E  L  L  I  T  I  R  R  Z  Ð  P  P
```

VATN   STROKLEÐUR
VATNSLITIR   HUGMYNDIR
AKRÝL   BLEK
LEIR   BLÝANTAR
KOL   OLÍA
PAPPÍR   PASTELLITIR
GLÆSLA   STÓL
LÍM   BURSTAR
LITI   BORÐ
SKÖPUN   MYNDAVÉL

100 - Misurazioni

```
E  Þ  N  K  V  S  A  U  K  A  S  T  A  F  U  X
L  R  U  Þ  D  E  I  Ð  Æ  H  I  L  S  J  D  D
Q  E  T  Z  U  N  S  F  O  Á  Z  A  Ð  Á  R  G
L  E  N  N  O  T  P  Ý  D  L  G  R  A  M  M  N
T  O  B  G  R  I  L  Æ  M  F  L  T  T  W  S  Y
X  P  R  J  D  M  T  K  X  P  V  E  Ú  B  I  Þ
K  J  E  T  J  E  V  A  Q  O  N  M  N  Æ  B  Y
S  O  I  K  G  T  Þ  H  U  T  X  Ó  Í  T  I  I
M  K  D  R  Í  R  L  A  U  T  Ð  L  M  I  N  R
O  W  D  T  T  L  M  A  Ð  U  K  Í  U  Q  D  N
T  O  M  M  U  Í  Ó  C  M  R  A  K  D  B  I  P
U  N  U  E  Þ  M  L  B  H  I  M  K  Þ  P  S  B
S  W  K  H  R  R  G  C  A  Ú  N  S  A  E  N  F
G  L  Ð  G  U  Y  H  Q  K  V  Q  M  H  N  O  A
Q  K  M  Q  H  M  H  H  N  V  P  U  R  A  E  Z
G  Þ  J  Q  O  X  L  N  A  Y  F  D  V  Þ  Z  Q
```

HÆÐ	LENGD
BÆTI	MÆLIR
SENTIMETR	MÍNÚTA
KÍLÓ	ÚNSA
KÍLÓMETRA	ÞYNGD
AUKASTAF	HÁLFPOTTUR
GRÁÐA	TOMMU
GRAMM	DÝPT
BREIDD	TONN
LÍTRI	BINDI

1 - Scacchi

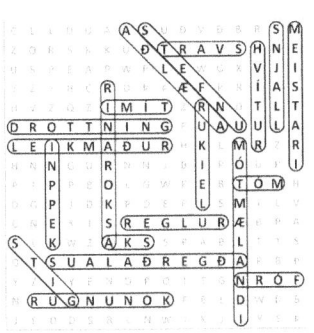

2 - Salute e Benessere #2

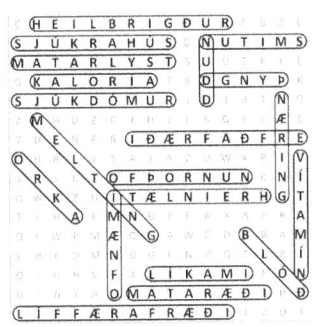

3 - Aggettivi #2

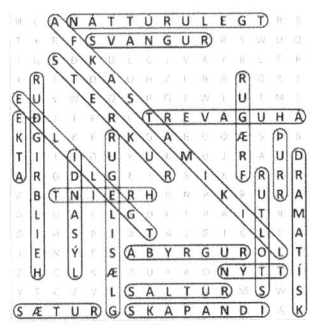

4 - Ingegneria

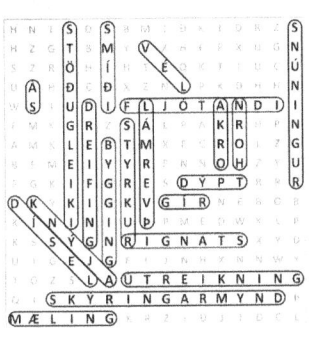

5 - Archeologia

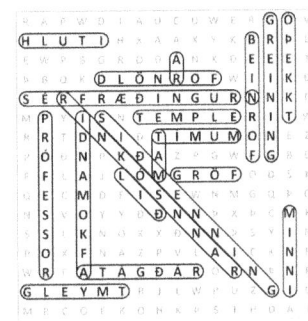

6 - Salute e Benessere #1

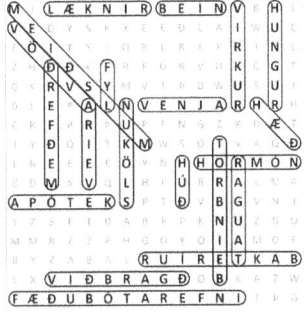

7 - Aggettivi #1

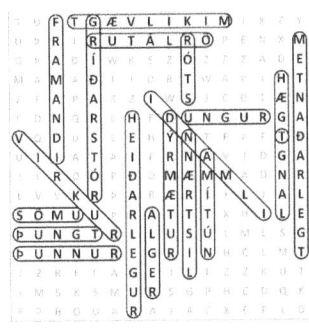

8 - Geologia

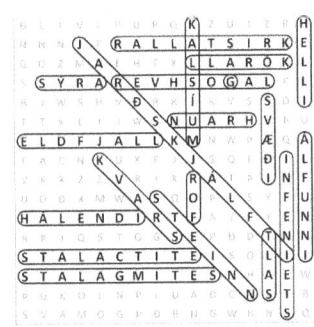

9 - Campeggio

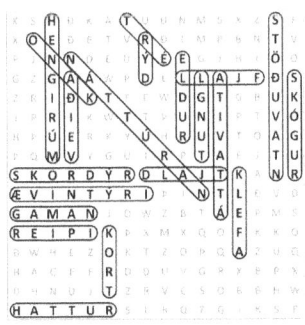

10 - Arti Visive

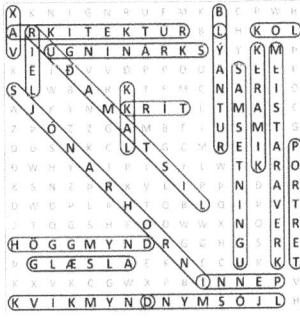

11 - Tempo

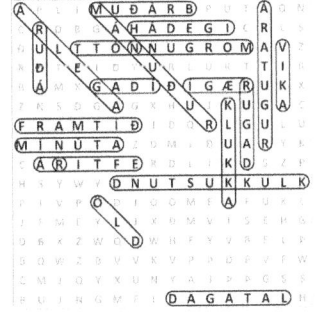

12 - Astronomia

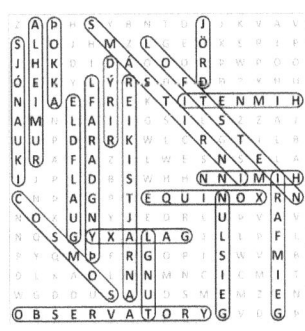

13 - Algebra

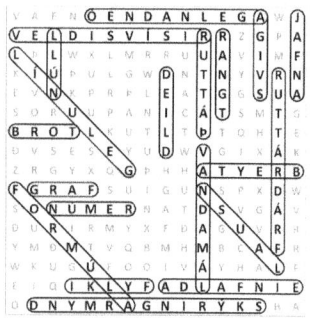

14 - Mitologia

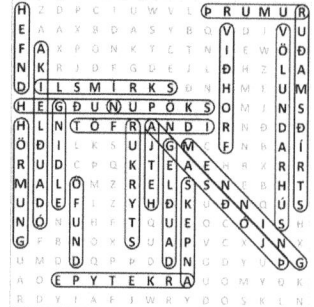

15 - Piante

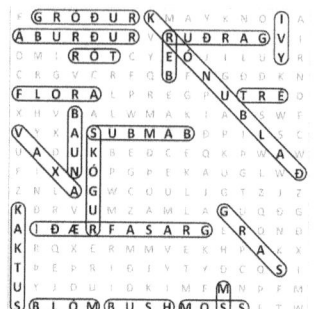

16 - Spezie

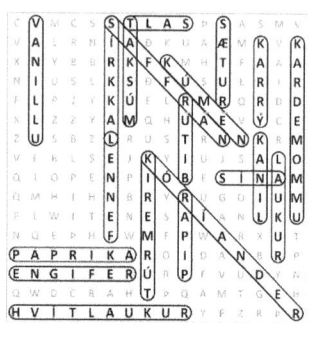

17 - Numeri

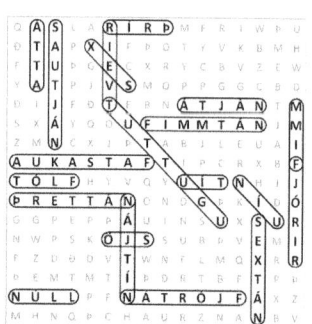

18 - Cioccolato

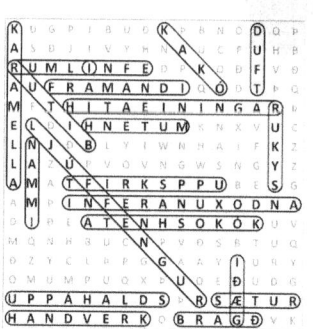

19 - Guida

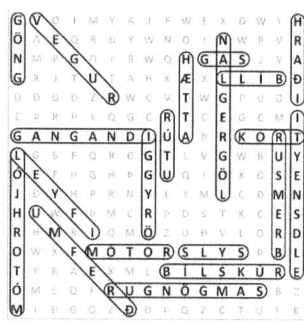

20 - I Media

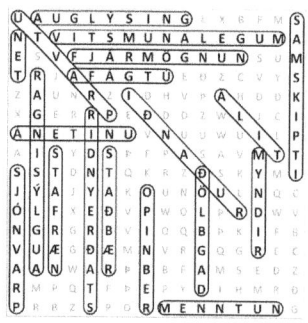

21 - Forza e Gravità

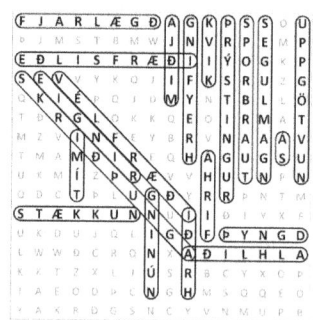

22 - Sport

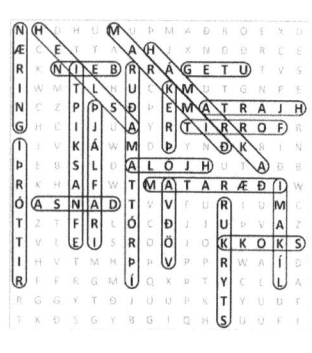

23 - Caffè

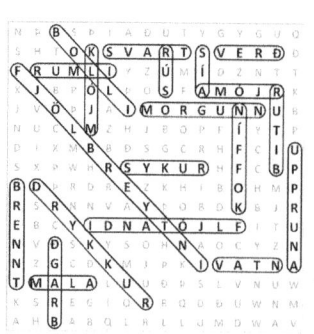

24 - Uccelli

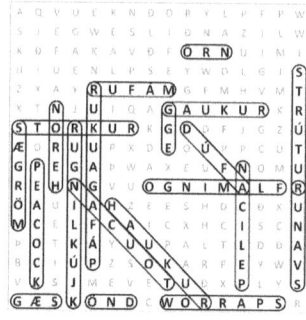

25 - Giorni e Mesi

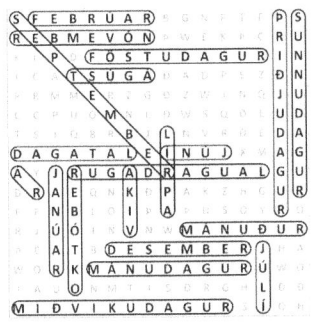

26 - Casa

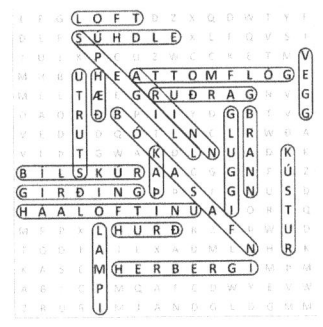

27 - Fantascienza

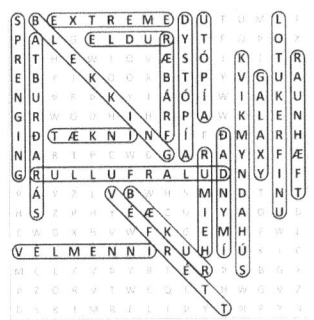

28 - Città

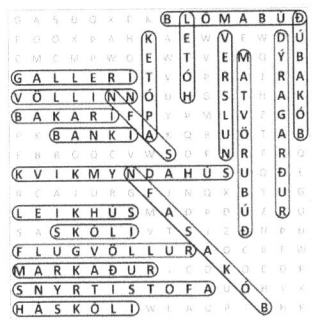

29 - Fattoria #1

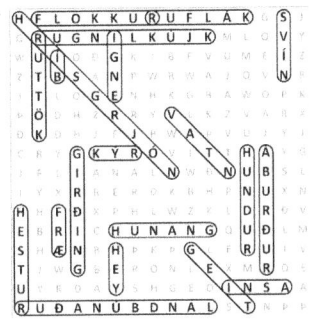

30 - Psicologia

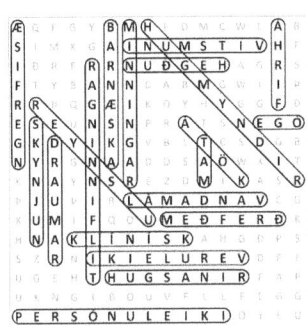

31 - Paesaggi

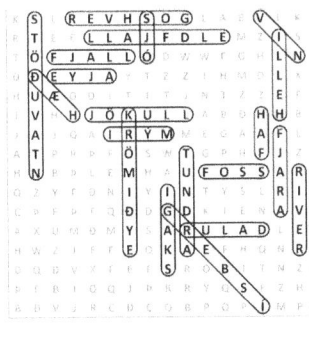

32 - Energia

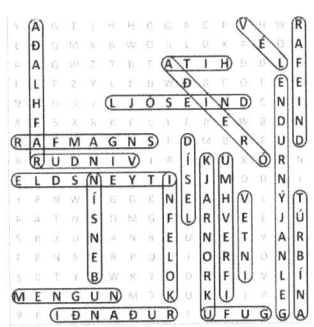

33 - Ristorante #2

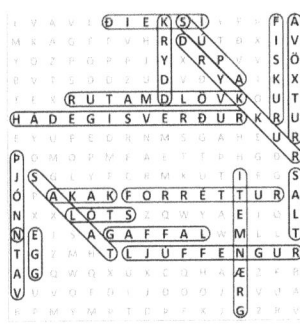

34 - Moda

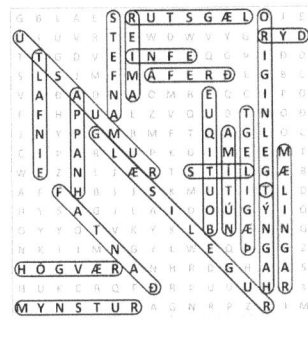

35 - L'Azienda

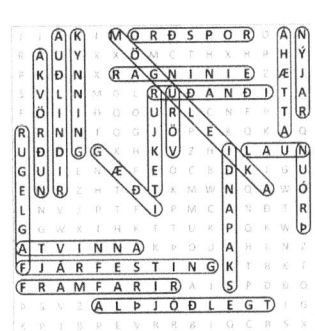

36 - Giardino

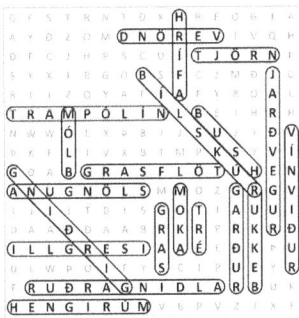

37 - Riscaldamento GI

38 - Frutta

39 - Fattoria #2

40 - Verdure

41 - Barbecue

42 - Insetti

43 - Fisica

44 - Agronomia

45 - Erboristeria

46 - Biologia

47 - Attività Commerciale

48 - Fiori

49 - Filantropia

50 - Discipline Scientifiche

51 - Acqua

52 - Imbarcazioni

53 - Chimica

54 - Api

55 - Strumenti Musicali

56 - Professioni #2

57 - Letteratura

58 - Cibo #2

59 - Nutrizione

60 - Matematica

61 - Meditazione

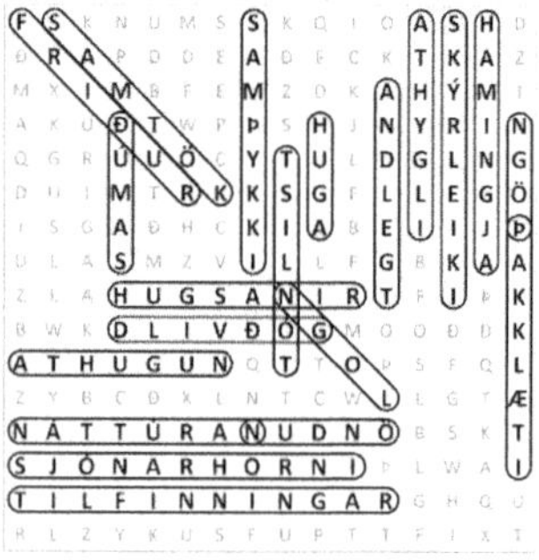

62 - Elettricità

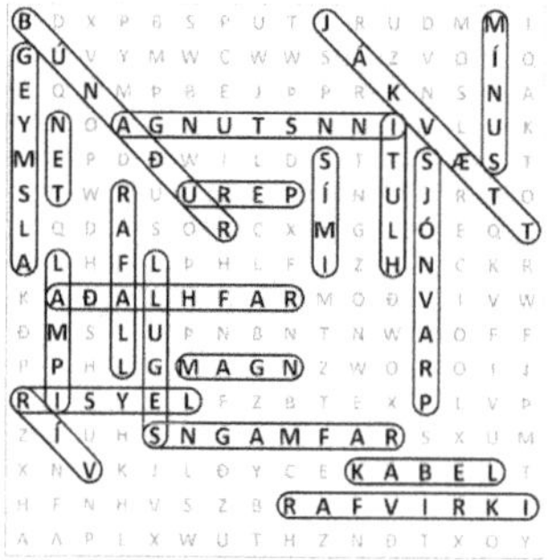

63 - Antiquariato

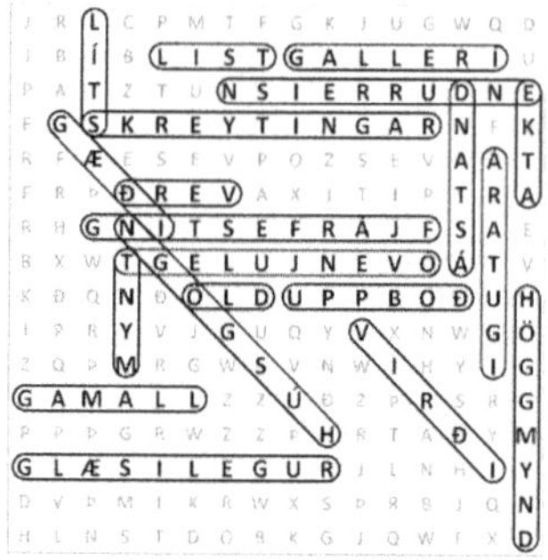

64 - Escursionismo

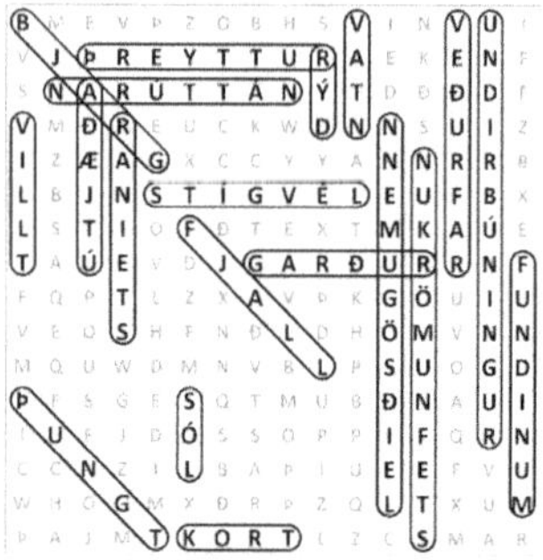

65 - Professioni #1

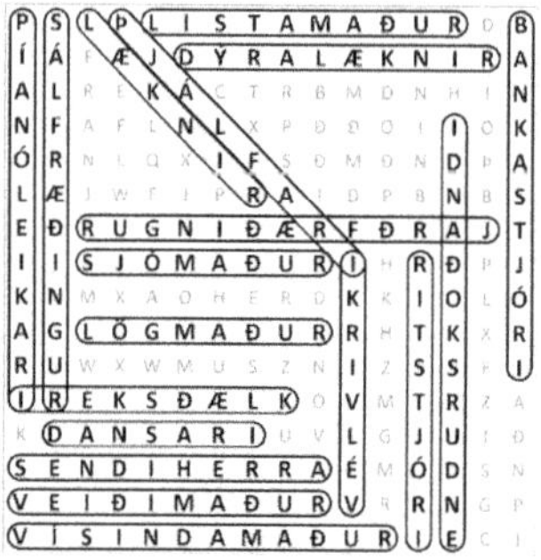

66 - Antartide

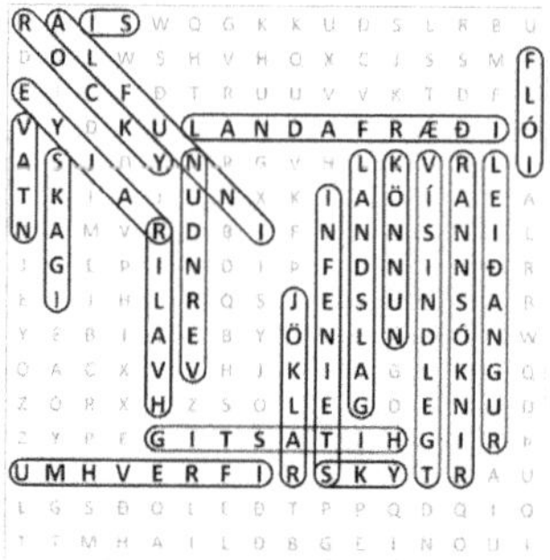

67 - Libri

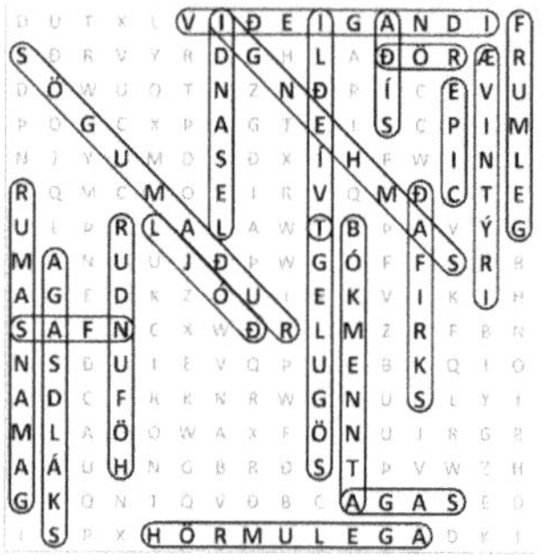

68 - Geografia

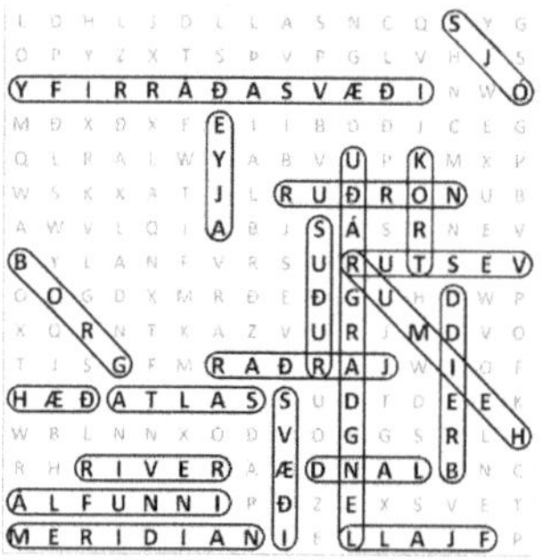

69 - Cibo #1

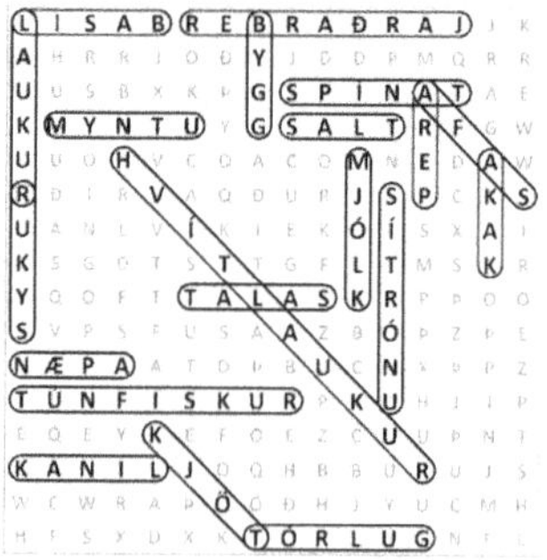

70 - Aeroplani

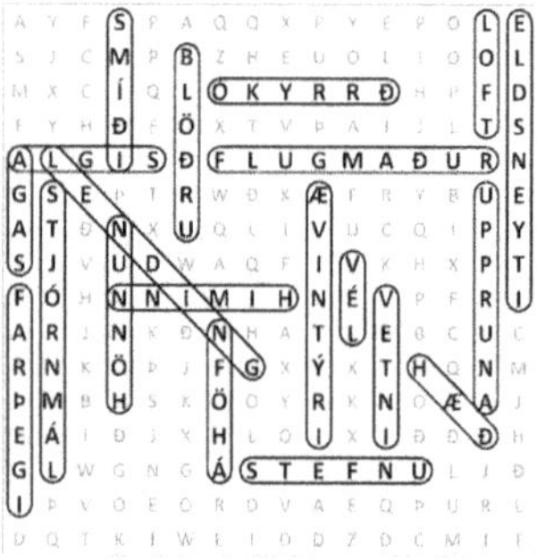

71 - Governo

72 - Bellezza

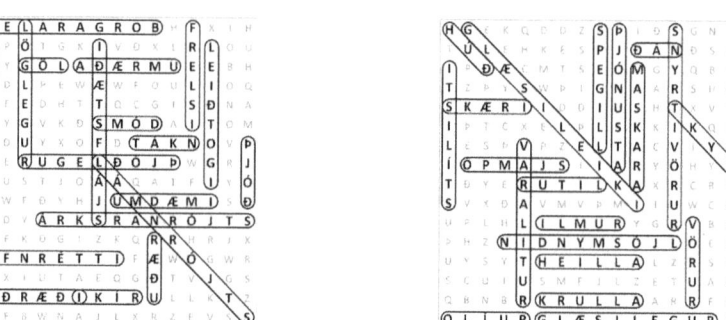

73 - Avventura

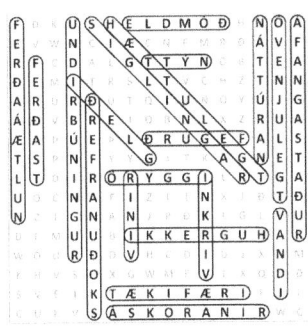

74 - Forme

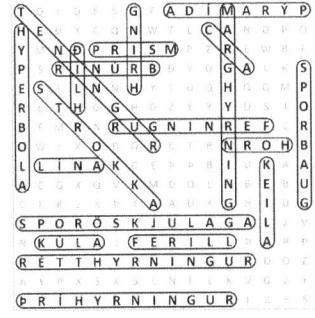

75 - Oceano

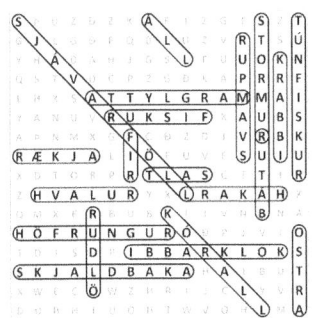

76 - Veicoli

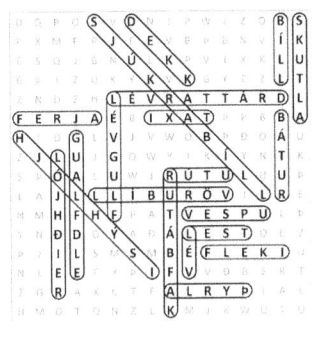

77 - Emozioni

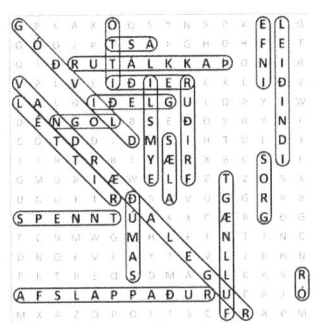

78 - Natura

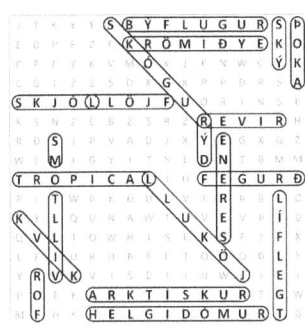

79 - Balletto

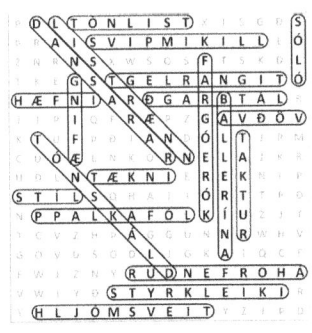

80 - Paesi #1

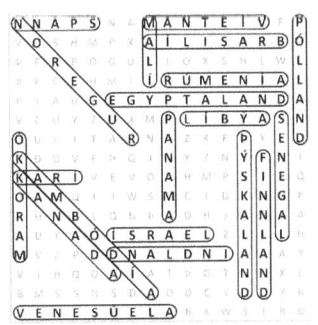

81 - Geometria

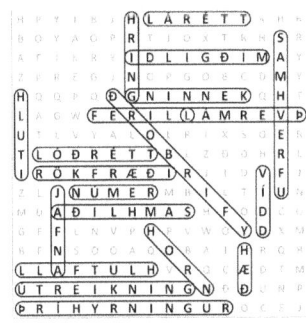

82 - Foresta Pluviale

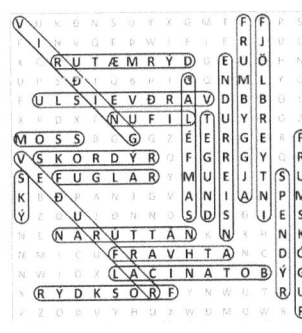

83 - Edifici

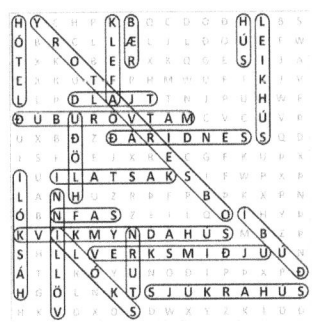

84 - Malattia

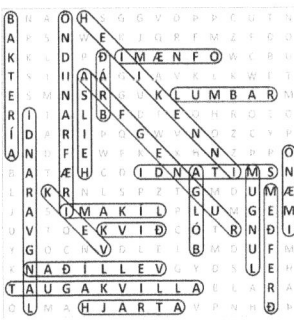

85 - Paesi #2

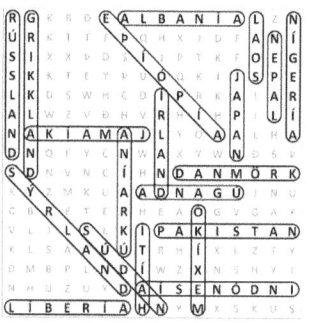

86 - Tipi di Capelli

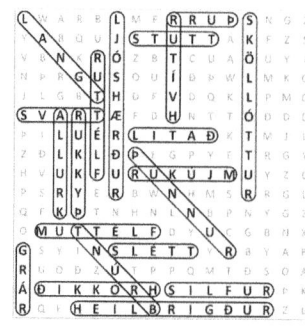

87 - Vestiti

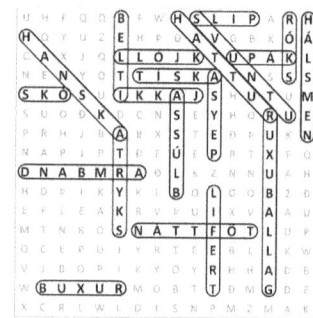

88 - Attività e Tempo Libero

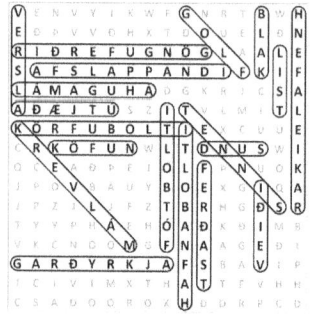

89 - Arte

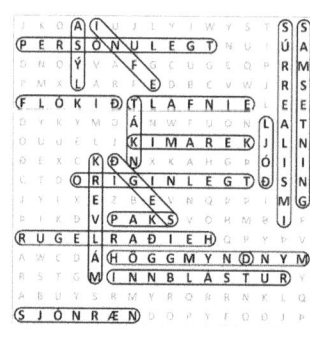

90 - Meteo

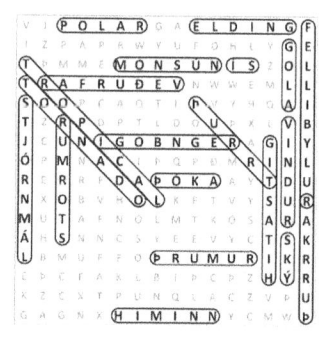

91 - Corpo Umano

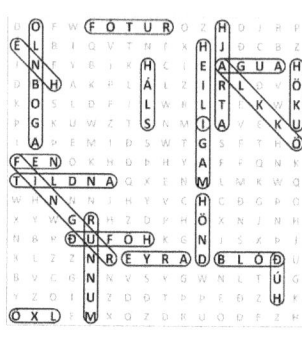

92 - Mammiferi

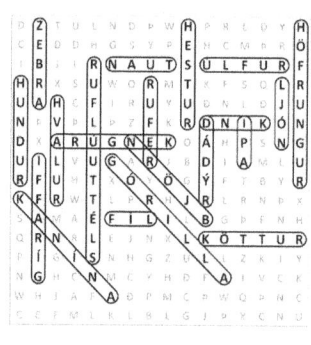

93 - Cucina

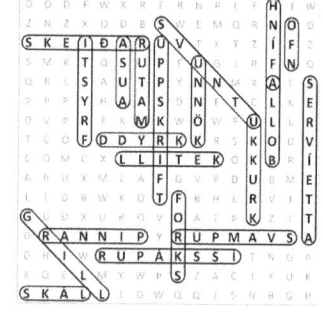

94 - Giardinaggio

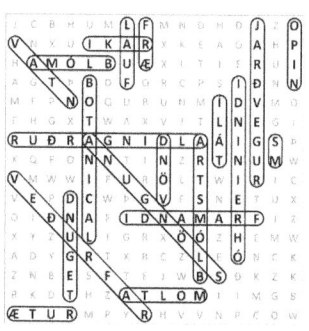

95 - Universo

96 - Jazz

97 - Attività

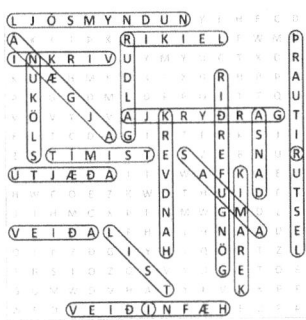

98 - Diplomazia

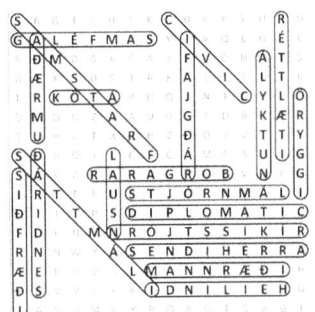

99 - Forniture Artistiche

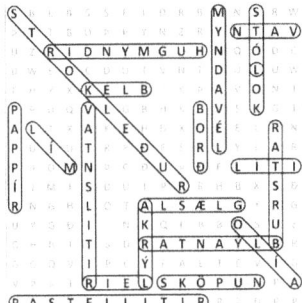

100 - Misurazioni

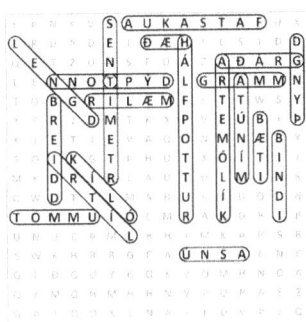

Dizionario

Acqua
Vatni

Alluvione	Flóð
Canale	Síkur
Doccia	Sturtu
Evaporazione	Uppgufun
Fiume	River
Gelo	Frost
Geyser	Geysir
Ghiaccio	Ís
Irrigazione	Áveitu
Lago	Lake
Monsone	Monsún
Neve	Snjór
Oceano	Haf
Onde	Öldur
Pioggia	Rigning
Potabile	Drykkjarhæft
Umidità	Raki
Umido	Rökum
Uragano	Fellibylur
Vapore	Gufu

Aeroplani
Flugvélar

Altezza	Hæð
Aria	Loft
Atmosfera	Stjórnmál
Atterraggio	Lending
Avventura	Ævintýri
Carburante	Eldsneyti
Cielo	Himinn
Costruzione	Smíði
Design	Hönnun
Direzione	Stefnu
Discesa	Uppruna
Equipaggio	Áhöfn
Idrogeno	Vetni
Motore	Vél
Navigare	Sigla
Palloncino	Blöðru
Passeggero	Farþegi
Pilota	Flugmaður
Storia	Saga
Turbolenza	Ókyrrð

Aggettivi #1
Lýsingarorð #1

Ambizioso	Metnaðarlegt
Aromatico	Ilmandi
Artistico	Listrænn
Assoluto	Alger
Attivo	Virkur
Enorme	Gríðarstór
Esotico	Framandi
Generoso	Örlátur
Giovane	Ungur
Grande	Stór
Identico	Sömu
Importante	Mikilvægt
Lento	Hægt
Lungo	Langt
Moderno	Nútíma
Onesto	Heiðarlegur
Perfetto	Fullkominn
Pesante	Þungt
Prezioso	Dýrmætur
Sottile	Þunnur

Aggettivi #2
Lýsingarorð #2

Affamato	Svangur
Asciutto	Þurr
Autentico	Ekta
Creativo	Skapandi
Descrittivo	Lýsandi
Dolce	Sætur
Drammatico	Dramatísk
Elegante	Glæsilegur
Famoso	Frægur
Forte	Sterkur
Interessante	Áhugavert
Naturale	Náttúrulegt
Normale	Eðlilegt
Nuovo	Nýtt
Orgoglioso	Stoltur
Produttivo	Afkastamikill
Puro	Hreint
Responsabile	Ábyrgur
Salato	Saltur
Sano	Heilbrigður

Agronomia
Jarðfræði

Acqua	Vatn
Agricoltura	Landbúnaður
Ambiente	Umhverfi
Cibo	Matur
Crescita	Vöxtur
Ecologia	Vistfræði
Energia	Orka
Erosione	Rof
Fertilizzante	Áburður
Inquinamento	Mengun
Malattie	Sjúkdóma
Organico	Lífrænt
Produzione	Framleiðsla
Ricerca	Rannsóknir
Rurale	Sveit
Scienza	Vísindi
Semi	Fræ
Sistemi	Kerfi
Studio	Nám
Suolo	Jarðvegur

Algebra
Algebru

Diagramma	Skýringarmynd
Divisione	Deild
Equazione	Jafna
Esponente	Veldisvísir
Falso	Rangt
Fattore	Þáttur
Formula	Formúla
Frazione	Brot
Grafico	Graf
Infinito	Óendanlega
Lineare	Línuleg
Matrice	Fylki
Numero	Númer
Parentesi	Sviga
Problema	Vandamál
Semplificare	Einfalda
Soluzione	Lausn
Sottrazione	Frádráttur
Variabile	Breyta
Zero	Núll

Antartide
Suðurskautslandið

Acqua	Vatn
Ambiente	Umhverfi
Baia	Flói
Balene	Hvalir
Conservazione	Verndun
Continente	Álfunni
Esplorazione	Könnun
Geografia	Landafræði
Ghiacciai	Jöklar
Ghiaccio	Ís
Isole	Eyjar
Minerali	Steinefni
Nuvole	Ský
Penisola	Skagi
Ricercatore	Rannsóknir
Roccioso	Rocky
Scientifico	Vísindlegt
Spedizione	Leiðangur
Temperatura	Hitastig
Topografia	Landslag

Antiquariato
Fornminjar

Arte	List
Asta	Uppboð
Autentico	Ekta
Condizione	Ástand
Decenni	Áratugi
Decorativo	Skreytingar
Elegante	Glæsilegur
Galleria	Gallerí
Insolito	Óvenjulegt
Investimento	Fjárfesting
Mobilio	Húsgögn
Monete	Mynt
Prezzo	Verð
Qualità	Gæði
Restauro	Endurreisn
Scultura	Höggmynd
Secolo	Öld
Stile	Stíl
Valore	Virði
Vecchio	Gamall

Api
Býflugur

Ali	Vængi
Alveare	Býflugnabú
Benefico	Gagnleg
Cera	Vax
Cibo	Matur
Diversità	Fjölbreytni
Ecosistema	Vistkerfi
Fiori	Blóm
Fiorire	Blómstra
Frutta	Ávöxtur
Fumo	Reykur
Giardino	Garður
Habitat	Búsvæði
Insetto	Skordýr
Miele	Hunang
Piante	Plöntur
Polline	Frjókorn
Regina	Drottning
Sciame	Kvik
Sole	Sól

Archeologia
Fornleifafræði

Analisi	Greining
Anni	Ár
Antichità	Fornöld
Antico	Forn
Civiltà	Siðmenning
Dimenticato	Gleymt
Discendente	Afkomandi
Era	Tímum
Esperto	Sérfræðingur
Mistero	Ráðgáta
Oggetti	Hluti
Ossa	Bein
Professore	Prófessor
Reliquia	Minni
Ricercatore	Rannsóknir
Sconosciuto	Óþekkt
Squadra	Lið
Tempio	Temple
Tomba	Gröf
Valutazione	Mat

Arte
List

Ceramica	Keramik
Complesso	Flókið
Composizione	Samsetning
Dipinti	Málverk
Espressione	Segð
Figura	Mynd
Ispirato	Innblástur
Onesto	Heiðarlegur
Originale	Originlegt
Personale	Persónulegt
Poesia	Ljóð
Ritrarre	Lýsa
Scultura	Höggmynd
Semplice	Einfalt
Simbolo	Tákn
Soggetto	Efni
Surrealismo	Súrrealismi
Umore	Skap
Visivo	Sjónræn

Arti Visive
Myndlist

Architettura	Arkitektúr
Argilla	Leir
Artista	Listamaður
Capolavoro	Meistaraverk
Carbone	Kol
Cavalletto	Glæsla
Cera	Vax
Ceramica	Keramik
Composizione	Samsetningu
Creatività	Skráningu
Film	Kvikmynd
Fotografia	Ljósmynd
Gesso	Krít
Matita	Blýantur
Penna	Penni
Prospettiva	Sjónarhorni
Ritratto	Portret
Scultura	Höggmynd
Stampino	L
Vernice	Lakk

Astronomia
Stjörnufræði

Asteroide	Smástirni
Astronauta	Geimfari
Celeste	Himneti
Cielo	Himinn
Cosmo	Cosmos
Costellazione	Stjörnumerki
Equinozio	Equinox
Galassia	Galaxy
Gravità	Þyngdarafl
Luna	Tungl
Meteora	Loftstein
Nebulosa	Þokka
Osservatorio	Observatory
Pianeta	Reikistjarna
Radiazione	Geislun
Razzo	Eldflaug
Telescopio	Sjónauki
Terra	Jörð
Universo	Alheimur
Zodiaco	Dýrir

Attività
Starfsemi

Abilità	Hæfni
Arte	List
Artigianato	Handverk
Attività	Virkni
Caccia	Veiða
Campeggio	Útjæða
Ceramica	Keramik
Cucire	Sauma
Danza	Dansa
Escursioni	Gönguferðir
Fotografia	Ljósmyndun
Giardinaggio	Garðyrkja
Giochi	Leikir
Lettura	Lestur
Magia	Galdur
Pesca	Veiði
Piacere	Ánægja
Puzzle	Þrautir
Rilassamento	Slökun
Tempo Libero	Tímist

Attività Commerciale
Viðskipti

Carriera	Feril
Costo	Kostnaður
Datore di Lavoro	Vinnuveitandi
Dipendente	Starfsmaður
Economia	Hagfræði
Fabbrica	Verksmiðju
Finanza	Fjármál
Investimento	Fjárfesting
Merce	Varningi
Negozio	Búð
Profitto	Hagnaður
Reddito	Tekjur
Sconto	Afsláttur
Società	Fyrirtæki
Soldi	Peningar
Tasse	Skattar
Transazione	Viðskipti
Ufficio	Skrifstofa
Valuta	Mynt
Vendita	Sölu

Attività e Tempo Libero
Starfsemi og Tómstundir

Arte	List
Baseball	Hafnabolti
Basket	Körfubolti
Boxe	Hnefaleikar
Calcio	Fótbolti
Campeggio	Útjæða
Escursioni	Gönguferðir
Giardinaggio	Garðyrkja
Golf	Golf
Hobby	Áhugamál
Immersione	Köfun
Nuoto	Sund
Pallavolo	Blak
Pesca	Veiði
Pittura	Málverk
Rilassante	Afslappandi
Shopping	Versla
Tennis	Tennis
Viaggio	Ferðast

Avventura
Ævintýri

Amici	Vinir
Attività	Virkni
Bellezza	Fegurð
Coraggio	Hugrekki
Destinazione	Áfangastaður
Difficoltà	Vandi
Entusiasmo	Eldmóð
Escursione	Skoðunarferð
Gioia	Gleði
Insolito	Óvenjulegt
Itinerario	Ferðaáætlun
Natura	Náttúran
Navigazione	Siglingar
Nuovo	Nýtt
Opportunità	Tækifæri
Pericoloso	Hættulegt
Preparazione	Undirbúningur
Sfide	Áskoranir
Sicurezza	Öryggi
Viaggi	Ferðast

Balletto
Ballett

Abilità	Hæfni
Applauso	Lófaklapp
Artistico	Listrænn
Assolo	Sóló
Ballerina	Ballerína
Ballerini	Dansarar
Compositore	Tónskáld
Coreografia	Kóreógraf
Espressivo	Svipmikill
Gesto	Látbragð
Grazioso	Tignarlegt
Intensità	Styrkleiki
Muscoli	Vöðva
Musica	Tónlist
Orchestra	Hljómsveit
Prova	Æfing
Pubblico	Áhorfendur
Ritmo	Taktur
Stile	Stíl
Tecnica	Tækni

Barbecue
Grillveislur

Caldo	Heitt
Cena	Kvöldmatur
Cibo	Matur
Cipolle	Lauk
Coltelli	Hnífa
Estate	Sumar
Fame	Hungur
Famiglia	Fjölskylda
Frutta	Ávöxtur
Giochi	Leikir
Griglia	Grill
Insalate	Salöt
Invito	Boð
Musica	Tónlist
Pepe	Pipar
Pollo	Kjúklingur
Pomodori	Tómatar
Pranzo	Hádegisverður
Sale	Salt
Salsa	Sósa

Bellezza
Fegurð

Colore	Litur
Cosmetici	Snyrtivörur
Elegante	Glæsilegur
Eleganza	Glæsileiki
Fascino	Heilla
Forbici	Skæri
Fotogenico	Ljósmyndin
Fragranza	Ilmur
Grazia	Náð
Mascara	Maskara
Oli	Olíur
Pelle	Húð
Prodotti	Vörur
Profumo	Lykt
Riccioli	Krulla
Rossetto	Varalitur
Servizi	Þjónusta
Shampoo	Sjampó
Specchio	Spegill
Stilista	Stílisti

Biologia
Líffræði

Anatomia	Líffærafræði
Batteri	Bakteríur
Cellula	Fruma
Collagene	Kollagen
Cromosoma	Litning
Embrione	Fræði
Enzima	Ensím
Evoluzione	Þróun
Fotosintesi	Ljóstillífun
Mammifero	Spendýr
Mutazione	Stökkbreyting
Naturale	Náttúrulegt
Nervo	Taug
Neurone	Taugafruma
Ormone	Hormón
Osmosi	Osmósu
Proteina	Prótín
Rettile	Skriðdýr
Simbiosi	Sambýli
Sinapsi	Synapse

Caffè
Kaffi

Acido	Súr
Acqua	Vatn
Amaro	Bitur
Aroma	Ilmur
Arrostito	Brennt
Bevanda	Drykkur
Caffeina	Koffín
Crema	Rjóma
Filtro	Sía
Gusto	Bragð
Latte	Mjólk
Liquido	Fljótandi
Macinare	Mala
Mattina	Morgunn
Nero	Svart
Origine	Uppruna
Prezzo	Verð
Tazza	Bolli
Varietà	Fjölbreytni
Zucchero	Sykur

Campeggio
Tjaldstæði

Alberi	Tré
Amaca	Hengirúm
Animali	Dýr
Avventura	Ævintýri
Bussola	Áttavita
Cabina	Klefa
Caccia	Veiða
Canoa	Kanó
Cappello	Hattur
Corda	Reipi
Divertimento	Gaman
Foresta	Skógur
Fuoco	Eldur
Insetto	Skordýr
Lago	Stöðuvatn
Luna	Tungl
Mappa	Kort
Montagna	Fjall
Natura	Náttúran
Tenda	Tjald

Casa
Húsið

Attico	Háaloftinu
Biblioteca	Bókasafn
Camera	Herbergi
Camino	Arinn
Cucina	Eldhús
Doccia	Sturtu
Finestra	Gluggi
Garage	Bílskúr
Giardino	Garður
Lampada	Lampi
Parete	Vegg
Pavimento	Hæð
Porta	Hurð
Recinto	Girðing
Rubinetto	Brann
Scopa	Kústur
Soffitto	Loft
Specchio	Spegill
Tappeto	Gólfmotta
Tetto	Þak

Chimica
Efnafræði

Acido	Sýra
Alcalino	Súr
Atomico	Lotukerfinu
Calore	Hita
Carbonio	Kolefni
Catalizzatore	Hvati
Cloro	Klór
Elettrone	Rafeind
Enzima	Ensím
Gas	Gas
Idrogeno	Vetni
Ione	Jón
Liquido	Fljótandi
Molecola	Sameind
Nucleare	Kjarnorku
Organico	Lífrænt
Ossigeno	Súrefni
Peso	Þyngd
Sale	Salt
Temperatura	Hitastig

Cibo #1
Matur #1

Aglio	Hvítlaukur
Basilico	Basil
Cannella	Kanil
Carne	Kjöt
Carota	Gulrót
Cipolla	Laukur
Fragola	Jarðarber
Insalata	Salat
Latte	Mjólk
Limone	Sítrónu
Menta	Myntu
Orzo	Bygg
Pera	Pera
Rapa	Næpa
Sale	Salt
Spinaci	Spínat
Succo	Safa
Tonno	Túnfiskur
Torta	Kaka
Zucchero	Sykur

Cibo #2
Matur #2

Banana	Banani
Broccolo	Spergilkál
Ciliegia	Kirsuber
Cioccolato	Súkkulaði
Formaggio	Ostur
Fungo	Sveppir
Grano	Hveiti
Kiwi	Kíví
Mela	Epli
Melanzana	Eggaldin
Pane	Brauð
Pesce	Fiskur
Pollo	Kjúklingur
Pomodoro	Tómat
Prosciutto	Skinka
Riso	Hrísgrjón
Sedano	Sellerí
Uovo	Egg
Uva	Vínber
Yogurt	Jógúrt

Cioccolato
Súkkulaði

Amaro	Bitur
Antiossidante	Andoxunarefni
Arachidi	Hnetum
Aroma	Ilmur
Artigianale	Handverk
Cacao	Kakó
Calorie	Hitaeiningar
Caramella	Nammi
Caramello	Karamella
Delizioso	Ljúffengur
Dolce	Sætur
Esotico	Framandi
Gusto	Bragð
Ingrediente	Efni
Noce di Cocco	Kókoshneta
Polvere	Duft
Preferito	Uppáhalds
Qualità	Gæði
Ricetta	Uppskrift
Zucchero	Sykur

Città
Bærinn

Aeroporto	Flugvöllur
Banca	Banki
Biblioteca	Bókasafn
Cinema	Kvikmyndahús
Farmacia	Apótek
Fiorista	Blómabúð
Galleria	Gallerí
Hotel	Hótel
Libreria	Bókabúð
Mercato	Markaður
Museo	Safn
Negozio	Verslun
Panetteria	Bakarí
Salone	Snyrtistofa
Scuola	Skóli
Stadio	Völlinn
Supermercato	Matvörubúð
Teatro	Leikhús
Università	Háskóli
Zoo	Dýragarður

Corpo Umano
Mannslíkaminn

Bocca	Munnur
Caviglia	Ökkla
Cervello	Heili
Collo	Háls
Cuore	Hjarta
Dito	Fingur
Faccia	Andlit
Gamba	Fótur
Ginocchio	Hné
Gomito	Olnboga
Mano	Hönd
Mento	Höku
Naso	Nef
Occhio	Auga
Orecchio	Eyra
Pelle	Húð
Sangue	Blóð
Spalla	Öxl
Stomaco	Magi
Testa	Höfuð

Cucina
Eldhús

Bacchette	Pinnar
Bollitore	Ketill
Brocca	Könnu
Cibo	Matur
Ciotola	Skál
Coltelli	Hnífa
Congelatore	Frysti
Cucchiai	Skeiðar
Forchette	Forks
Forno	Ofn
Frigorifero	Ísskápur
Grembiule	Svuntu
Griglia	Grill
Mestolo	Ausa
Ricetta	Uppskrift
Spezie	Krydd
Spugna	Svampur
Tazze	Bolla
Tovagliolo	Servíetta
Vaso	Krukku

Diplomazia
Samningaviðræðum

Ambasciata	Sendiráð
Ambasciatore	Sendiherra
Cittadini	Borgarar
Civico	Civic
Comunità	Samfélag
Conflitto	Átök
Consigliere	Ráðgjafi
Cooperazione	Samstarf
Diplomatico	Diplomatic
Discussione	Umræða
Etica	Siðfræði
Giustizia	Réttlæti
Governo	Ríkisstjórn
Integrità	Heilindi
Politica	Stjórnmál
Risoluzione	Ályktun
Sicurezza	Öryggi
Soluzione	Lausn
Trattato	Sáttmáli
Umanitario	Mannræði

Discipline Scientifiche
Vísindalegum Greinum

Anatomia	Líffærafræði
Astronomia	Stjörnufræði
Biochimica	Lífefnafræði
Biologia	Líffræði
Botanica	Grasafræði
Chimica	Efnafræði
Ecologia	Vistfræði
Fisiologia	Lífeðlisfræði
Geologia	Jarðfræði
Immunologia	Ónæmisfræði
Linguistica	Málvísindi
Meccanica	Vélfræði
Meteorologia	Veðurfræði
Mineralogia	Steindafræði
Neurologia	Taugafræði
Nutrizione	Næring
Psicologia	Sálfræði
Sociologia	Félagsfræði
Termodinamica	Varmafræði
Zoologia	Dýrafræði

Edifici
Byggingar

Ambasciata	Sendiráð
Appartamento	Íbúð
Cabina	Klefa
Casa	Hús
Castello	Kastali
Cinema	Kvikmyndahús
Fabbrica	Verksmiðju
Fattoria	Bær
Fienile	Hlöðu
Hotel	Hótel
Museo	Safn
Ospedale	Sjúkrahús
Osservatorio	Observatory
Scuola	Skóli
Stadio	Völlinn
Supermercato	Matvörubúð
Teatro	Leikhús
Tenda	Tjald
Torre	Turn
Università	Háskóli

Elettricità
Rafmagn

Attrezzatura	Búnaður
Batteria	Rafhlaða
Cavo	Kabel
Conservazione	Geymsla
Elettricista	Rafvirki
Elettrico	Rafmagns
Fili	Vír
Generatore	Rafall
Lampada	Lampi
Lampadina	Peru
Laser	Leysir
Magnete	Segull
Negativo	Mínus
Oggetti	Hluti
Positivo	Jákvætt
Presa	Innstunga
Quantità	Magn
Rete	Net
Telefono	Sími
Televisione	Sjónvarp

Emozioni
Tilfinningar

Amore	Ást
Beatitudine	Sæla
Calma	Logn
Contenuto	Efni
Eccitato	Spennt
Gentilezza	Góðvild
Gioia	Gleði
Grato	Þakklátur
Imbarazzato	Vandræðalegur
Noia	Leiðindi
Pace	Friður
Paura	Ótti
Rabbia	Reiði
Rilassato	Afslappaður
Rilievo	Léttir
Simpatia	Samúð
Soddisfatto	Fullnægt
Tenerezza	Eymsli
Tranquillità	Ró
Tristezza	Sorg

Energia
Orka

Ambiente	Umhverfi
Batteria	Rafhlaða
Benzina	Bensín
Calore	Hita
Carbonio	Kolefni
Carburante	Eldsneyti
Diesel	Dísel
Elettrico	Rafmagns
Elettrone	Rafeind
Entropia	Óreiða
Fotone	Ljóseind
Idrogeno	Vetni
Industria	Iðnaður
Inquinamento	Mengun
Motore	Vél
Nucleare	Kjarnorku
Rinnovabile	Endurnýjanleg
Turbina	Túrbína
Vapore	Gufu
Vento	Vindur

Erboristeria
Grasalækningar

Aglio	Hvítlaukur
Aneto	Dill
Aromatico	Ilmandi
Basilico	Basil
Culinario	Matreiðslu
Dragoncello	Estragon
Finocchio	Fennel
Fiore	Blóm
Giardino	Garður
Ingrediente	Efni
Lavanda	Lofnarblóm
Maggiorana	Marjoram
Menta	Myntu
Origano	Oregano
Prezzemolo	Steinselja
Qualità	Gæði
Rosmarino	Rósmarín
Timo	Timjan
Verde	Grænt
Zafferano	Saffran

Escursionismo
Gönguferðir

Acqua	Vatn
Animali	Dýr
Campeggio	Útjæða
Clima	Veðurfar
Guide	Leiðsögumenn
Mappa	Kort
Montagna	Fjall
Natura	Náttúran
Orientamento	Stefnumörkun
Parchi	Garður
Pesante	Þungt
Pietre	Steinar
Preparazione	Undirbúningur
Scogliera	Bjarg
Selvaggio	Villt
Sole	Sól
Stanco	Þreyttur
Stivali	Stígvél
Vertice	Fundinum
Zanzare	Moskítóflugur

Fantascienza
Vísindaskáldskapur

Atomico	Lotukerfinu
Cinema	Kvikmyndahús
Distopia	Dystópía
Esplosione	Sprenging
Estremo	Extreme
Fantastico	Frábær
Fuoco	Eldur
Galassia	Galaxy
Illusione	Blekking
Immaginario	Ímyndað
Libri	Bækur
Misterioso	Dularfullur
Mondo	Heimur
Oracolo	Véfrétt
Pianeta	Reikistjarna
Realistico	Raunhæft
Robot	Vélmenni
Scenario	Atburðarás
Tecnologia	Tækni
Utopia	Útópía

Fattoria #1
Bær #1

Acqua	Vatn
Agricoltura	Landbúnaður
Ape	Bí
Asino	Asni
Campo	Engi
Cane	Hundur
Capra	Geit
Cavallo	Hestur
Fertilizzante	Áburður
Fieno	Hey
Gatto	Köttur
Gregge	Flokkur
Maiale	Svín
Miele	Hunang
Mucca	Kýr
Pollo	Kjúklingur
Recinto	Girðing
Riso	Hrísgrjón
Semi	Fræ
Vitello	Kálfur

Fattoria #2
Bær #2

Agnello	Lamb
Agricoltore	Bóndi
Alveare	Býflugnabú
Anatra	Önd
Animali	Dýr
Cibo	Matur
Fienile	Hlöðu
Frutta	Ávöxtur
Frutteto	Aldingarður
Grano	Hveiti
Irrigazione	Áveitu
Lama	Lamadýr
Latte	Mjólk
Mais	Korn
Oche	Gæsir
Orzo	Bygg
Pastore	Hirðir
Pecora	Kind
Prato	Engi
Trattore	Dráttarvél

Filantropia
Góðgerðarstarfsemi

Bambini	Börn
Bisogno	Þörf
Comunità	Samfélag
Contatti	Tengiliði
Donare	Gefa
Finanza	Fjármál
Fondi	Fé
Generosità	Örlæti
Gioventù	Æsku
Globale	Alþjóðlegt
Gruppi	Hópa
Missione	Verkefni
Obiettivi	Markmið
Onestà	Heiðarleiki
Persone	Fólk
Programmi	Forrit
Pubblico	Opinber
Sfide	Áskoranir
Storia	Saga
Umanità	Mannkynið

Fiori
Blóm

Dente di Leone	Fífill
Gardenia	Toga
Gelsomino	Jasmine
Giglio	Lily
Girasole	Sólblóm
Ibisco	Hibiscus
Lavanda	Lofnarblóm
Lilla	Líla
Magnolia	Magnolia
Margherita	Daisy
Mazzo	Vönd
Orchidea	Orchid
Papavero	Poppy
Passiflora	Ástríðublóm
Peonia	Peony
Petalo	Krónublað
Plumeria	Plumeria
Rosa	Rós
Trifoglio	Smári
Tulipano	Túlipan

Fisica
Eðlisfræði

Accelerazione	Hröðun
Atomo	Atóm
Caos	Roða
Chimico	Efni
Densità	Þéttleiki
Elettrone	Rafeind
Espansione	Stækkun
Formula	Formúla
Frequenza	Tíðni
Gas	Gas
Gravità	Þyngdarafl
Magnetismo	Segulmagn
Meccanica	Vélfræði
Molecola	Sameind
Motore	Vél
Nucleare	Kjarnorku
Particella	Ögn
Relatività	Afstæði
Universale	Alhliða
Velocità	Hraða

Foresta Pluviale
Regnskógur

Anfibi	Froskdýr
Botanico	Botanical
Clima	Veðurfar
Comunità	Samfélag
Diversità	Fjölbreytni
Giungla	Frumskógur
Indigeno	Frumbyggja
Insetti	Skordýr
Mammiferi	Spendýr
Muschio	Moss
Natura	Náttúran
Nuvole	Ský
Preservazione	Varðveislu
Prezioso	Dýrmætur
Restauro	Endurreisn
Rifugio	Athvarf
Rispetto	Virðing
Sopravvivenza	Lifun
Specie	Tegund
Ucccli	Fuglar

Forme
Form

Angolo	Horn
Arco	Arc
Bordi	Brúnir
Cerchio	Hring
Cilindro	Strokka
Cono	Keila
Cubo	Teningur
Curva	Ferill
Ellisse	Sporbaug
Iperbole	Hyperbola
Lato	Hlið
Linea	Lína
Ovale	Sporöskjulaga
Piramide	Pýramída
Poligono	Marghyrning
Prisma	Prism
Quadrato	Ferningur
Rettangolo	Rétthyrningur
Sfera	Kúla
Triangolo	Þríhyrningur

Forniture Artistiche
List Vistir

Acqua	Vatn
Acquerelli	Vatnslitir
Acrilico	Akrýl
Argilla	Leir
Carbone	Kol
Carta	Pappír
Cavalletto	Glæsla
Colla	Lím
Colori	Liti
Creatività	Sköpun
Gomma	Strokleður
Idee	Hugmyndir
Inchiostro	Blek
Matite	Blýantar
Olio	Olía
Pastelli	Pastellitir
Sedia	Stól
Spazzole	Burstar
Tavolo	Borð
Telecamera	Myndavél

Forza e Gravità
Kraftur og Þyngdarafl

Asse	Ás
Attrito	Núning
Centro	Miðja
Dinamico	Kvik
Distanza	Fjarlægð
Espansione	Stækkun
Fisica	Eðlisfræði
Impatto	Áhrif
Magnetismo	Segulmagn
Meccanica	Vélfræði
Movimento	Hreyfing
Orbita	Sporbraut
Peso	Þyngd
Pressione	Þrýstingur
Proprietà	Eignir
Scoperta	Uppgötvun
Slancio	Skriðþunga
Tempo	Tími
Universale	Alhliða
Velocità	Hraði

Frutta
Ávextir

Albicocca	Apríkósa
Ananas	Ananas
Arancia	Appelsína
Avocado	Avókadó
Bacca	Ber
Banana	Banani
Ciliegia	Kirsuber
Kiwi	Kíví
Lampone	Hindberjum
Limone	Sítrónu
Mango	Mangó
Mela	Epli
Melone	Melóna
Mora	Brómber
Nettarina	Nectarine
Papaia	Papaya
Pera	Pera
Pesca	Ferskja
Prugna	Plóma
Uva	Vínber

Geografia
Landafræði

Altitudine	Hæð
Atlante	Atlas
Città	Borg
Continente	Álfunni
Emisfero	Jarðar
Fiume	River
Isola	Eyja
Latitudine	Breidd
Longitudine	Lengdargráðu
Mappa	Kort
Mare	Sjó
Meridiano	Meridian
Mondo	Heimur
Montagna	Fjall
Nord	Norður
Ovest	Vestur
Paese	Land
Regione	Svæði
Sud	Suður
Territorio	Yfirráðasvæði

Geologia
Jarðfræði

Acido	Sýra
Altopiano	Hálendi
Calcio	Kalsíum
Caverna	Helli
Continente	Álfunni
Corallo	Kórall
Cristalli	Kristallar
Erosione	Rof
Geyser	Goshver
Lava	Hraun
Minerali	Steinefni
Pietra	Steinn
Quarzo	Kvars
Sale	Salt
Stalagmiti	Stalagmites
Stalattite	Stalactite
Strato	Lag
Terremoto	Jarðskjálfti
Vulcano	Eldfjall
Zona	Svæði

Geometria
Rúmfræði

Altezza	Hæð
Angolo	Horn
Calcolo	Útreikning
Cerchio	Hring
Curva	Ferill
Diametro	Þvermál
Dimensione	Vídd
Equazione	Jafna
Logica	Rökfræði
Mediano	Miðgildi
Numero	Númer
Orizzontale	Lárétt
Parallelo	Samhliða
Proporzione	Hlutfall
Segmento	Hluti
Simmetria	Samhverfu
Superficie	Yfirborð
Teoria	Kenning
Triangolo	Þríhyrningur
Verticale	Lóðrétt

Giardinaggio
Garðyrkja

Acqua	Vatn
Botanico	Botanical
Clima	Veðurfar
Commestibile	Ætur
Compost	Molta
Contenitore	Ílát
Esotico	Framandi
Fiorire	Blómstra
Floreale	Blóma
Foglia	Lauf
Fogliame	Sm
Frutteto	Aldingarður
Mazzo	Vönd
Semi	Fræ
Specie	Tegund
Sporco	Óhreinindi
Stagionale	Opin
Suolo	Jarðvegur
Tubo	Slönguna
Umidità	Raki

Giardino
Garðinum

Albero	Tré
Amaca	Hengirúm
Cespuglio	Bush
Erba	Gras
Erbacce	Illgresi
Fiore	Blóm
Frutteto	Aldingarður
Garage	Bílskúr
Giardino	Garður
Pala	Moka
Panca	Bekkur
Prato	Grasflöt
Rastrello	Hrífa
Recinto	Girðing
Stagno	Tjörn
Suolo	Jarðvegur
Terrazza	Verönd
Trampolino	Trampólín
Tubo	Slönguna
Vite	Vínviður

Giorni e Mesi
Dagar og Mánuðir

Agosto	Ágúst
Anno	Ár
Aprile	Apríl
Calendario	Dagatal
Dicembre	Desember
Domenica	Sunnudagur
Febbraio	Febrúar
Gennaio	Janúar
Giugno	Júní
Luglio	Júlí
Lunedì	Mánudagur
Martedì	Þriðjudagur
Mercoledì	Miðvikudagur
Mese	Mánuður
Novembre	Nóvember
Ottobre	Október
Sabato	Laugardagur
Settembre	September
Settimana	Vika
Venerdì	Föstudagur

Governo
Ríkisstjórn

Capo	Leiðtogi
Civile	Borgaraleg
Costituzione	Stjórnarskrá
Democrazia	Lýðræði
Discorso	Ræðu
Discussione	Umræða
Giudiziario	Dóms
Giustizia	Réttlæti
Indipendenza	Sjálfstæði
Legale	Löglegur
Legge	Lög
Libertà	Frelsi
Monumento	Minnismerki
Nazionale	Þjóðlegur
Nazione	Þjóð
Politica	Stjórnmál
Quartiere	Umdæmi
Simbolo	Tákn
Stato	Ríki
Uguaglianza	Jafnrétti

Guida
Akstur

Auto	Bíll
Autobus	Rútu
Carburante	Eldsneyti
Freni	Bremsur
Garage	Bílskúr
Gas	Gas
Incidente	Slys
Licenza	Leyfi
Mappa	Kort
Moto	Mótorhjól
Motore	Mótor
Pedonale	Gangandi
Pericolo	Hætta
Polizia	Lögreglan
Sicurezza	Öryggi
Strada	Vegur
Traffico	Umferð
Trasporto	Samgöngur
Tunnel	Göng
Velocità	Hraði

I Media
Fjölmiðlarnir

Commerciale	Auglýsing
Comunicazione	Samskipti
Digitale	Stafræn
Edizione	Útgáfa
Educazione	Menntun
Fatti	Staðreyndir
Finanziamento	Fjármögnun
Foto	Myndir
Giornali	Dagblöð
Individuale	Einstaklingur
Industria	Iðnaður
Intellettuale	Vitsmunalegum
Locale	Staðbær
Online	Á Netinu
Opinione	Álit
Pubblicità	Auglýsingar
Pubblico	Opinber
Radio	Útvarp
Rete	Net
Televisione	Sjónvarp

Imbarcazioni
Bátar

Albero	Mastur
Ancora	Akkeri
Barca a Vela	Seglbátur
Boa	Bau
Canoa	Kanó
Corda	Reipi
Equipaggio	Áhöfn
Fiume	River
Kayak	Kajak
Lago	Stöðuvatn
Mare	Sjó
Marea	Fjöru
Marinaio	Sjómaður
Motore	Vél
Nautico	Sjómanna
Oceano	Haf
Onde	Öldur
Traghetto	Ferja
Yacht	Snekkju
Zattera	Fleki

Ingegneria
Verkfræði

Angolo	Horn
Asse	Ás
Calcolo	Útreikning
Costruzione	Smíði
Diagramma	Skýringarmynd
Diametro	Þvermál
Diesel	Dísel
Distribuzione	Dreifing
Energia	Orka
Forza	Styrkur
Ingranaggi	Gír
Leve	Stangir
Liquido	Fljótandi
Macchina	Vél
Misurazione	Mæling
Profondità	Dýpt
Propulsione	Knýja
Rotazione	Snúningur
Stabilità	Stöðugleiki
Struttura	Bygging

Insetti
Skordýr

Afide	Plöntulús
Ape	Bí
Calabrone	Hornet
Cavalletta	Graskúla
Cicala	Cicada
Coccinella	Frípur
Coleottero	Bjalla
Falena	Möl
Farfalla	Fiðrildi
Formica	Maur
Larva	Lirva
Libellula	Dragonfly
Locusta	Engisprettur
Mantide	Mantis
Pulce	Fló
Scarafaggio	Kakkalakki
Termite	Termite
Verme	Ormur
Vespa	Geitungur
Zanzara	Fluga

Jazz
Djass

Album	Plötu
Applauso	Lófaklapp
Artista	Listamaður
Canzone	Lag
Compositore	Tónskáld
Composizione	Samsetning
Concerto	Tónleikar
Enfasi	Áhersla
Famoso	Frægur
Genere	Tegund
Improvvisazione	Spuni
Musica	Tónlist
Nuovo	Nýtt
Orchestra	Hljómsveit
Preferiti	Eftirlæti
Ritmo	Taktur
Stile	Stíl
Talento	Hæfileiki
Tecnica	Tækni
Vecchio	Gamall

L'Azienda
Fyrirtækið

Creativo	Skapandi
Decisione	Ákvörðun
Globale	Alþjóðlegt
Industria	Iðnaður
Innovativo	Nýjar
Investimento	Fjárfesting
Occupazione	Atvinna
Possibilità	Möguleika
Presentazione	Kynning
Prodotto	Vöru
Professionale	Faglegur
Progresso	Framfarir
Qualità	Gæði
Reddito	Tekjur
Reputazione	Orðspor
Rischi	Áhætta
Risorse	Auðlindir
Salari	Laun
Tendenze	Þróun
Unità	Einingar

Letteratura
Bókmenntir

Analisi	Greining
Analogia	Líkingar
Aneddoto	E.
Autore	Höfundur
Biografia	Ævisaga
Conclusione	Niðurstaða
Confronto	Samanburður
Descrizione	Lýsing
Dialogo	Umræðu
Genere	Tegund
Metafora	Myndlíking
Opinione	Álit
Poesia	Ljóð
Poetico	Ljóðræn
Rima	Rím
Ritmo	Taktur
Romanzo	Skáldsaga
Stile	Stíl
Tema	Þema
Tragedia	Harmleikur

Libri
Bækur

Autore	Höfundur
Avventura	Ævintýri
Collezione	Safn
Contesto	Samhengi
Dualità	Tvíeðli
Epico	Epic
Inventivo	Frumleg
Letterario	Bókmennta
Lettore	Lesandi
Narratore	Sögumaður
Pagina	Síða
Poesia	Ljóð
Rilevante	Viðeigandi
Romanzo	Skáldsaga
Scritto	Skrifað
Serie	Röð
Storia	Saga
Storico	Sögulegt
Tragico	Hörmulega
Umoristico	Gamansamur

Malattia
Sjúkdómurinn

Italiano	Íslenska
Acuto	Bráð
Addominale	Kvið
Allergie	Ofnæmi
Batterico	Baktería
Benessere	Vellíðan
Contagioso	Smitandi
Corpo	Líkami
Cronico	Langvarandi
Cuore	Hjarta
Debole	Veik
Ereditario	Arfgengur
Immunità	Ónæmi
Infiammazione	Bólga
Lombare	Lumbar
Neuropatia	Taugakvilla
Polmonare	Lungum
Respiratorio	Öndunarfæri
Salute	Heilsa
Sindrome	Heilkenni
Terapia	Meðferð

Mammiferi
Spendýr

Italiano	Íslenska
Balena	Hvalur
Cane	Hundur
Canguro	Kengúra
Cavallo	Hestur
Cervo	Dádýr
Coniglio	Kanína
Coyote	Sléttuúlfur
Delfino	Höfrungur
Elefante	Fíl
Gatto	Köttur
Giraffa	Gíraffi
Gorilla	Górilla
Leone	Ljón
Lupo	Úlfur
Orso	Björn
Pecora	Kind
Scimmia	Api
Toro	Naut
Volpe	Refur
Zebra	Zebra

Matematica
Stærðfræði

Italiano	Íslenska
Angoli	Horn
Aritmetica	Tölur
Circonferenza	Ummál
Decimale	Aukastaf
Diametro	Þvermál
Divisione	Deild
Equazione	Jafna
Esponente	Veldisvísir
Frazione	Brot
Geometria	Rúmfræði
Parallelo	Samhliða
Parallelogramma	Hjálíðalogram
Perimetro	Jaðar
Poligono	Marghyrning
Quadrato	Ferningur
Rettangolo	Rétthyrningur
Simmetria	Samhverfu
Somma	Summa
Triangolo	Þríhyrningur
Volume	Bindi

Meditazione
Hugleiðsla

Italiano	Íslenska
Accettazione	Samþykki
Attenzione	Athygli
Calma	Logn
Chiarezza	Skýrleiki
Compassione	Samúð
Emozioni	Tilfinningar
Felicità	Hamingja
Gentilezza	Góðvild
Gratitudine	Þakklæti
Mentale	Andlegt
Mente	Huga
Movimento	Samtök
Musica	Tónlist
Natura	Náttúran
Osservazione	Athugun
Pace	Friður
Pensieri	Hugsanir
Prospettiva	Sjónarhorni
Respirazione	Öndun
Silenzio	Þögn

Meteo
Veður

Italiano	Íslenska
Arcobaleno	Regnbogi
Asciutto	Þurrt
Atmosfera	Stjórnmál
Brezza	Gola
Cielo	Himinn
Clima	Veðurfar
Fulmine	Elding
Ghiaccio	Ís
Monsone	Monsún
Nebbia	Þóka
Nube	Ský
Polare	Polar
Siccità	Þurrkar
Temperatura	Hitastig
Tempesta	Stormur
Tornado	Tornado
Tropicale	Tropical
Tuono	Þrumur
Uragano	Fellibylur
Vento	Vindur

Misurazioni
Mælingar

Italiano	Íslenska
Altezza	Hæð
Byte	Bæti
Centimetro	Sentimetr
Chilogrammo	Kíló
Chilometro	Kílómetra
Decimale	Aukastaf
Grado	Gráða
Grammo	Gramm
Larghezza	Breidd
Litro	Lítri
Lunghezza	Lengd
Metro	Mælir
Minuto	Mínúta
Oncia	Únsa
Peso	Þyngd
Pinta	Hálfpottur
Pollice	Tommu
Profondità	Dýpt
Tonnellata	Tonn
Volume	Bindi

Mitologia
Goðafræði

Archetipo	Arketype
Comportamento	Hegðun
Creatura	Skepna
Creazione	Sköpun
Credenze	Viðhorf
Cultura	Menning
Disastro	Hörmung
Eroe	Hetja
Forza	Styrkur
Fulmine	Elding
Gelosia	Öfund
Guerriero	Stríðsmaður
Immortalità	Ódauðleika
Labirinto	Völundarhús
Leggenda	Þjóðsaga
Magico	Töfrandi
Mortale	Dauðleg
Mostro	Skrímsli
Tuono	Þrumur
Vendetta	Hefnd

Moda
Tíska

Abbigliamento	Fatnað
Boutique	Boutique
Caro	Dýr
Confortevole	Þægilegt
Elegante	Glæsilegur
Minimalista	Lægstur
Misure	Mælingar
Modello	Mynstur
Moderno	Nútíma
Modesto	Hógvær
Originale	Originlegt
Pizzo	Reima
Pratico	Hagnýt
Pulsanti	Hnappa
Ricamo	Útsaumur
Semplice	Einfalt
Stile	Stíl
Tendenza	Stefna
Tessuto	Efni
Trama	Áferð

Natura
Náttúran

Animali	Dýr
Api	Býflugur
Artico	Arktískur
Bellezza	Fegurð
Deserto	Eyðimörk
Dinamico	Kvik
Erosione	Rof
Fiume	River
Fogliame	Sm
Foresta	Skógur
Ghiacciaio	Jökull
Montagne	Fjöll
Nebbia	Þoka
Nuvole	Ský
Rifugio	Skjól
Santuario	Helgidómur
Selvaggio	Villt
Sereno	Serene
Tropicale	Tropical
Vitale	Líflegt

Numeri
Tölur

Cinque	Fimm
Decimale	Aukastaf
Diciannove	Nítján
Diciassette	Sautján
Diciotto	Átján
Dieci	Tíu
Dodici	Tólf
Due	Tveir
Nove	Níu
Otto	Átta
Quattordici	Fjórtán
Quattro	Fjórir
Quindici	Fimmtán
Sedici	Sextán
Sei	Sex
Sette	Sjö
Tre	Þrír
Tredici	Þrettán
Venti	Tuttugu
Zero	Núll

Nutrizione
Næringu

Amaro	Bitur
Appetito	Matarlyst
Bilanciato	Rólegur
Calorie	Hitaeiningar
Carboidrati	Kolvetni
Commestibile	Ætur
Dieta	Mataræði
Digestione	Melting
Fermentazione	Gerjun
Liquidi	Vökva
Nutriente	Næringarefni
Peso	Þyngd
Proteine	Prótein
Qualità	Gæði
Salsa	Sósa
Salute	Heilsa
Sano	Heilbrigður
Spezie	Krydd
Tossina	Eiturefni
Vitamina	Vítamín

Oceano
Haf

Anguilla	Áll
Balena	Hvalur
Barca	Bátur
Corallo	Kórall
Delfino	Höfrungur
Gamberetto	Rækja
Granchio	Krabbi
Maree	Sjávarföll
Medusa	Marglytta
Onde	Öldur
Ostrica	Ostra
Pesce	Fiskur
Polpo	Kolkrabbi
Sale	Salt
Scogliera	Rif
Spugna	Svampur
Squalo	Hákarl
Tartaruga	Skjaldbaka
Tempesta	Stormur
Tonno	Túnfiskur

Paesaggi
Landslag

Cascata	Foss
Collina	Hæð
Deserto	Eyðimörk
Fiume	River
Geyser	Goshver
Ghiacciaio	Jökull
Grotta	Helli
Iceberg	Ísberg
Isola	Eyja
Lago	Stöðuvatn
Mare	Sjó
Montagna	Fjall
Oasi	Vin
Oceano	Haf
Palude	Mýri
Penisola	Skagi
Spiaggia	Fjara
Tundra	Tundra
Valle	Dalur
Vulcano	Eldfjall

Paesi #1
Löndum #1

Brasile	Brasilía
Cambogia	Kambódía
Canada	Kanada
Egitto	Egyptaland
Finlandia	Finnland
Germania	Þýskaland
India	Indland
Iraq	Írak
Israele	Ísrael
Libia	Líbýa
Mali	Malí
Marocco	Marokkó
Norvegia	Noregur
Panama	Panama
Polonia	Pólland
Romania	Rúmenía
Senegal	Senegal
Spagna	Spánn
Venezuela	Venesúela
Vietnam	Víetnam

Paesi #2
Löndum #2

Albania	Albanía
Danimarca	Danmörk
Etiopia	Eþíópía
Giamaica	Jamaíka
Giappone	Japan
Grecia	Grikkland
Haiti	Haítí
Indonesia	Indónesía
Irlanda	Írland
Laos	Laos
Liberia	Líbería
Messico	Mexíkó
Nepal	Nepal
Nigeria	Nígería
Pakistan	Pakistan
Russia	Rússland
Siria	Sýrland
Sudan	Súdan
Ucraina	Úkraína
Uganda	Úganda

Piante
Plöntur

Albero	Tré
Bacca	Ber
Bambù	Bambus
Botanica	Grasafræði
Cactus	Kaktus
Cespuglio	Bush
Crescere	Vaxa
Edera	Ivy
Erba	Gras
Fagiolo	Baun
Fertilizzante	Áburður
Fiore	Blóm
Flora	Flora
Fogliame	Sm
Foresta	Skógur
Giardino	Garður
Muschio	Moss
Petalo	Krónublað
Radice	Rót
Vegetazione	Gróður

Professioni #1
Störfum #1

Allenatore	Þjálfari
Ambasciatore	Sendiherra
Artista	Listamaður
Atleta	Íþróttamaður
Avvocato	Lögmaður
Ballerino	Dansari
Banchiere	Bankastjóri
Cacciatore	Veiðimaður
Contabile	Endurskoðandi
Editore	Ritstjóri
Geologo	Jarðfræðingur
Gioielliere	Skartgripir
Marinaio	Sjómaður
Meccanico	Vélvirki
Medico	Læknir
Pianista	Píanóleikari
Psicologo	Sálfræðingur
Sarto	Klæðskeri
Scienziato	Vísindamaður
Veterinario	Dýralæknir

Professioni #2
Störfum #2

Agricoltore	Bóndi
Astronauta	Geimfari
Biologo	Líffræðingur
Chimico	Efnafræðingur
Chirurgo	Skurðlæknir
Dentista	Tannlækni
Detective	Einkaspæjara
Editore	Útgefandi
Filosofo	Heimspekingur
Fotografo	Ljósmyndari
Giornalista	Blaðamaður
Illustratore	Teiknari
Ingegnere	Verkfræðingur
Insegnante	Kennari
Investigatore	Rannsakanda
Medico	Lækni
Pilota	Flugmaður
Pittore	Málari
Ricercatore	Rannsóknir
Zoologo	Dýrafræðingur

Psicologia
Sálfræði

Clinico	Klínísk
Cognizione	Vitsmuni
Comportamento	Hegðun
Conflitto	Átök
Ego	Egó
Emozioni	Tilfinningar
Esperienze	Reynslu
Idee	Hugmyndir
Infanzia	Barnæska
Influenze	Áhrif
Pensieri	Hugsanir
Percezione	Skynjun
Personalità	Persónuleiki
Problema	Vandamál
Realtà	Veruleiki
Ricordi	Minningar
Sensazione	Æsifregn
Sogni	Draumar
Terapia	Meðferð
Valutazione	Mat

Riscaldamento Globale
Hnattræn Hlýnun

Ambientale	Umhverfis
Artico	Arktískur
Attenzione	Athygli
Clima	Veðurfar
Crisi	Kreppa
Dati	Gögn
Energia	Orka
Futuro	Framtíð
Gas	Gas
Generazioni	Kynslóðir
Governo	Ríkisstjórn
Habitat	Búsvæði
Industria	Iðnaður
Internazionale	Alþjóðleg
Legislazione	Löggjöf
Ora	Núna
Popolazioni	Íbúa
Scienziato	Vísindamaður
Sviluppo	Þróun
Temperature	Hitastig

Ristorante #2
Veitingastaður #2

Acqua	Vatn
Aperitivo	Forréttur
Bevanda	Drykkur
Cameriere	Þjónn
Cena	Kvöldmatur
Cucchiaio	Skeið
Delizioso	Ljúffengur
Forchetta	Gaffal
Frutta	Ávöxtur
Ghiaccio	Ís
Insalata	Salat
Minestra	Súpa
Pesce	Fiskur
Pranzo	Hádegisverður
Sale	Salt
Sedia	Stól
Spezie	Krydd
Torta	Kaka
Uova	Egg
Verdure	Grænmeti

Salute e Benessere #1
Heilsufar og Vellíðan #1

Abitudine	Venja
Altezza	Hæð
Attivo	Virkur
Batteri	Bakteríur
Fame	Hungur
Farmacia	Apótek
Frattura	Beinbrot
Lesione	Meiðslum
Medicina	Lyf
Medico	Læknir
Muscoli	Vöðva
Nervi	Taugar
Ormoni	Hormón
Ossa	Bein
Pelle	Húð
Riflesso	Viðbragð
Rilassamento	Slökun
Supplementi	Fæðubótarefni
Trattamento	Meðferð
Virus	Veira

Salute e Benessere #2
Heilsufar og Vellíðan #2

Allergia	Ofnæmi
Anatomia	Líffærafræði
Appetito	Matarlyst
Caloria	Kaloría
Corpo	Líkami
Dieta	Mataræði
Digestione	Melting
Disidratazione	Ofþornun
Energia	Orka
Genetica	Erfðafræði
Igiene	Hreinlæti
Infezione	Smitun
Malattia	Sjúkdómur
Massaggio	Nudd
Nutrizione	Næring
Ospedale	Sjúkrahús
Peso	Þyngd
Sangue	Blóð
Sano	Heilbrigður
Vitamina	Vítamín

Scacchi
Skák

Avversario	Mótmælandi
Bianco	Hvítur
Campione	Meistari
Concorso	Keppni
Diagonale	Ská
Giocatore	Leikmaður
Gioco	Leikur
Intelligente	Snjall
Nero	Svart
Passivo	Aðgerðalaus
Per Imparare	Að Læra
Punti	Stig
Re	Konungur
Regina	Drottning
Regole	Reglur
Sacrificio	Fórn
Sfide	Áskoranir
Strategia	Stefnu
Tempo	Tími
Torneo	Mót

Spezie
Krydd

Italiano	Íslenska
Aglio	Hvítlaukur
Amaro	Bitur
Anice	Anís
Cannella	Kanil
Cardamomo	Kardemommu
Cipolla	Laukur
Coriandolo	Kóríander
Cumino	Kúmen
Curcuma	Túrmerik
Curry	Karrý
Dolce	Sætur
Finocchio	Fennel
Liquirizia	Lakkrís
Noce Moscata	Múskat
Paprika	Paprika
Pepe	Pipar
Sale	Salt
Vaniglia	Vanillu
Zafferano	Saffran
Zenzero	Engifer

Sport
Íþrótt

Italiano	Íslenska
Allenatore	Þjálfari
Atleta	Íþróttamaður
Capacità	Getu
Cardiovascolare	Hjarta
Ciclismo	Hjóla
Corpo	Líkami
Danza	Dansa
Dieta	Mataræði
Forza	Styrkur
Jogging	Skokk
Massimizzare	Hámarka
Metabolico	Efnaskipti
Muscoli	Vöðva
Nutrizione	Næring
Obiettivo	Markmið
Ossa	Bein
Programma	Forrit
Resistenza	Þrek
Salute	Heilsa
Sportivo	Íþróttir

Strumenti Musicali
Hljóðfæri

Italiano	Íslenska
Armonica	Munnhörpu
Arpa	Harpa
Banjo	Banjó
Chitarra	Gítar
Clarinetto	Klarinett
Fagotto	Fagott
Flauto	Flautu
Gong	Gong
Mandolino	Mandólín
Marimba	Marimba
Oboe	Óbó
Percussione	Slagverk
Pianoforte	Píanó
Sassofono	Saxófón
Tamburello	Bumbur
Tamburo	Tromma
Tromba	Trompet
Trombone	Básúna
Violino	Fiðlu
Violoncello	Selló

Tempo
Tíminn

Italiano	Íslenska
Anno	Ár
Annuale	Árlega
Calendario	Dagatal
Decennio	Áratugur
Dopo	Eftir
Futuro	Framtíð
Giorno	Dagur
Ieri	Í Gær
Mattina	Morgunn
Mese	Mánuður
Mezzogiorno	Hádegi
Minuto	Mínúta
Notte	Nótt
Oggi	Í Dag
Ora	Klukkustund
Orologio	Klukka
Presto	Bráðum
Prima	Áður
Secolo	Öld
Settimana	Vika

Tipi di Capelli
Hárið Tegundir

Italiano	Íslenska
Argento	Silfur
Asciutto	Þurr
Bianco	Hvítur
Biondo	Ljóshærður
Breve	Stutt
Calvo	Sköllóttur
Colorato	Litað
Grigio	Grár
Intrecciato	Fléttum
Liscio	Slétt
Lungo	Langt
Marrone	Brúnt
Morbido	Mjúkur
Nero	Svart
Riccio	Hrokkið
Riccioli	Krulla
Sano	Heilbrigður
Sottile	Þunnur
Spessore	Þykkur
Trecce	Fléttur

Uccelli
Fuglar

Italiano	Íslenska
Airone	Heron
Anatra	Önd
Aquila	Örn
Cicogna	Storkur
Cigno	Svanur
Colomba	Dúfa
Cuculo	Gaukur
Falco	Haukur
Fenicottero	Flamingo
Gabbiano	Máfur
Oca	Gæs
Pappagallo	Páfagaukur
Passero	Sparrow
Pavone	Peacock
Pellicano	Pelican
Pinguino	Mörgæs
Pollo	Kjúklingur
Struzzo	Strútur
Tucano	Toucan
Uovo	Egg

Universo
Alheimurinn

Asteroide	Smástirni
Astronomia	Stjörnufræði
Atmosfera	Stjórnmál
Buio	Myrkur
Celeste	Himneti
Cielo	Himinn
Cosmico	Cosmic
Emisfero	Jarðar
Eone	Eon
Equatore	Miðbaugur
Galassia	Galaxy
Latitudine	Breidd
Longitudine	Lengdargráðu
Luna	Tungl
Orbita	Sporbraut
Solare	Sól
Solstizio	Sólstöður
Telescopio	Sjónauki
Visibile	Sýnlegt
Zodiaco	Dýrir

Veicoli
Ökutæki

Aereo	Flugvél
Ambulanza	Sjúkrabíll
Auto	Bíll
Autobus	Rútu
Barca	Bátur
Bicicletta	Reiðhjól
Camion	Vörubíll
Caravan	Hjólhýsi
Elicottero	Þyrla
Motore	Vél
Navetta	Skutla
Pneumatici	Dekk
Razzo	Eldflaug
Scooter	Vespu
Sottomarino	Kafbátur
Taxi	Taxi
Traghetto	Ferja
Trattore	Dráttarvél
Treno	Lest
Zattera	Fleki

Verdure
Grænmeti

Aglio	Hvítlaukur
Broccolo	Spergilkál
Carciofo	Artihoke
Carota	Gulrót
Cetriolo	Gúrku
Cipolla	Laukur
Fungo	Sveppir
Insalata	Salat
Melanzana	Eggaldin
Patata	Kartöflu
Pisello	Pea
Pomodoro	Tómat
Prezzemolo	Steinselja
Rapa	Næpa
Ravanello	Ræðja
Scalogno	Skalottlaukur
Sedano	Sellerí
Spinaci	Spínat
Zenzero	Engifer
Zucca	Grasker

Vestiti
Fötin

Abito	Kjóll
Braccialetto	Armband
Camicetta	Blússa
Camicia	Skyrta
Cappello	Hattur
Cappotto	Kápu
Cintura	Belti
Collana	Hálsmen
Giacca	Jakki
Gonna	Pils
Grembiule	Svuntu
Guanti	Hanska
Jeans	Gallabuxur
Maglione	Peysa
Moda	Tíska
Pantaloni	Buxur
Pigiama	Náttföt
Sandali	Skó
Scarpa	Skór
Sciarpa	Trefil

Congratulazioni

Ce l'hai fatta!

Speriamo che questo libro vi sia piaciuto tanto quanto a noi è piaciuto concepirlo. Ci sforziamo di creare libri della più alta qualità possibile.
Questa edizione è progettata per fornire un apprendimento intelligente, di qualità e divertente!

Le è piaciuto questo libro?

Una Semplice Richiesta

Questi libri esistono grazie alle recensioni che pubblicate.

Puoi aiutarci lasciando una recensione
ora a questo link ?

BestBooksActivity.com/Recensioni50

SFIDA FINALE!

Sfida n°1

Sei pronto per il tuo gioco gratuito? Li usiamo sempre, ma non sono così facili da trovare - ecco i **Sinonimi!**
Scrivi 5 parole che hai trovato nei puzzle (n° 21, n° 36, n° 76) e prova a trovare 2 sinonimi per ogni parola.

Scrivi 5 parole del **Puzzle 21**

Parole	Sinonimo 1	Sinonimo 2

Scrivi 5 parole del **Puzzle 36**

Parole	Sinonimo 1	Sinonimo 2

Scrivi 5 parole del **Puzzle 76**

Parole	Sinonimo 1	Sinonimo 2

Sfida n°2

Ora che ti sei riscaldato, scrivi 5 parole che hai trovato nei puzzle n° 9, n° 17 e n° 25 e cerca di trovare 2 contrari per ogni parola. Quanti ne puoi trovare in 20 minuti?

Scrivi 5 parole del **Puzzle 9**

Parole	Antonimo 1	Antonimo 2

Scrivi 5 parole del **Puzzle 17**

Parole	Antonimo 1	Antonimo 2

Scrivi 5 parole del **Puzzle 25**

Parole	Antonimo 1	Antonimo 2

Sfida n°3

Grande! Questa sfida non è niente per te!

Pronto per la sfida finale? Scegli 10 parole che hai scoperto nei diversi puzzle e scrivile qui sotto.

1.	6.
2.	7.
3.	8.
4.	9.
5.	10.

Ora scrivi un testo pensando a una persona, un animale o un luogo che ti piace.

Puoi usare l'ultima pagina di questo libro come bozza.

La tua composizione:

TACCUINO:

A PRESTO!

Tutta la Squadra

BESTACTIVITYBOOKS.COM/FREEGAMES

www.ingramcontent.com/pod-product-compliance
Lightning Source LLC
Chambersburg PA
CBHW082053120626
46553CB00011B/3390